产 业 互 联 网 上 园 区

产业聚变

张勇军 著

企业发展问题系统解决方案

延边大学出版社
YANBIAN UNIVERSITY PRESS

图书在版编目(CIP)数据

产业聚变:企业发展问题系统解决方案/张勇军主编.——延吉:延边大学出版社,2017.5
　　ISBN　978-7-5688-2837-6

　　Ⅰ.①产…　Ⅱ.①张…　Ⅲ.①企业管理-研究
Ⅳ.①F272

中国版本图书馆 CIP 数据核字(2017)第 123963 号

产业聚变:企业发展问题系统解决方案

主编:张勇军
责任编辑:于衍来
出版发行:延边大学出版社
社址:吉林省延吉市公园路 977 号　　　　邮编:133002
网址:http://www.ydcbs.com
E-mail:ydcbs@ydcbs.com
电话:0433-2732435　　　　　　传真:0433-2732434
发行部电话:0433-2732442　　　　传真:0433-2733056
印刷:重庆长虹印务有限公司
开本:787×1092 毫米　　　1/16
印张:12.5　　　　　字数:178 千字
版次:2017 年 5 月第 1 版
印次:2017 年 7 月第 1 次
ISBN 978-7-5688-2837-6

定价:99.00 元

作者简介

　　张勇军,管理学博士,具有管理学、经济学、金融学、软件工程、行政法学等多个学科的专业背景,曾获重庆市青年人才论坛最高奖项。现任重庆市中小企业局副局长,曾任重庆市人大办公厅副主任,北京市海淀区区长助理(挂职),重庆市合川区副区长、区委常委等职务。主要从事企业服务、招商引资和政治工作,解决企业问题数千个,深度接触实体企业上千家,研究剖析企业案例上百个,实践经验丰富,理论功底扎实,在管理、金融、软件、网络等多个方面拥有二十余项实践创新成果。为了系统解决实体企业发展中的问题,2015 年,在全国首创产业互联网 CIP 发展模式,既是 CIP 模式的理论创始人,又是 CIP 模式的实践先行者,目前已经成功指导 CIP 上线平台 10 余家。

产业互联网的春天

习近平总书记深刻指出：不论经济发展到什么时候，实体经济都是我国经济发展、在国际经济竞争中赢得主动的根基。同时国家提出发展产业互联网的举措，响应国家发展战略及规划，突出供给侧结构性改革向振兴实体经济发力、聚力。能不能找到一套产业互联网的发展模式和实施路径，系统解决企业发展中的困难，为中国经济注入新的活力呢？

国家提出供给侧结构性改革、中国制造2025、"大众创业、万众创新"等发展战略，全国各地政府做出了很大努力，也出现了大量实践案例。怎样通过互联网＋的思路，创新探索一条市场化运作路线，更好地实现并服务于这些国家战略呢？

看了张勇军博士的著作《产业聚变》，我们似乎找到了答案。《产业聚变》将一些碎片观点进行了系统梳理。将实践上升为理论阐述,将一些基本概念转化成操作路径。这本书有理论、有方法、有案例、有图表,理论阐述透彻,逻辑思维清楚,文字表达通俗,寓深奥于生活之中,寓理论于实践之中,寓观念于技术之中,读起来朗朗上口,看起来轻松自如,是一本产业互联网发展的有力著作,是一本充分了解产业互联网的好书。这本书,响应国家的号召,契合了国家关于产业互联网的发展政策,适应了产业互联网的发展需要,恰逢其时。我们隐约感到,中国产业互联网的春天正在到来。

这本书的思想来源于基层实践。它不是一本纯理论的书,也不是一本纯经验的书。书中的理论归纳、思维方法、操作手段主要来自重庆及其他城市的实践经验,同时对这些实践经验进行了理性概括。可以认为,这本书阐述的既是产业互联网的基本理论,也是产业互联网的阶段性发展模式,还是产业互联网的运营方法,对平台公司、实体企业、经销渠道、消费用户、中介服务都会产生实用价值。这本书的作者是国家公务人员,经历了基层工作实践的摸爬滚打并真正服务过产业互联网的平台企业,取得了一手有价值的宝贵经验,这种奋进情怀、服务意识和开拓精神,难能可贵。读完这本书,我有一个深刻体会,那就是:书的理论来自基层实践和基层干部,明确符合国家发展战略,书中既有理论,也有经验;既有思想,也有操作;既有宏观战略,也有关键细节;是方法论,也是工具书,为基层落实国家供给侧结构性改革、互联网+、中国制造2025等发展战略给出了具体答案,难能可贵。

也许这些深刻领会国家战略、深度服务实体企业、深入研究平台经济的基层干部的著作，正是对中央一系列改革精神的具体落实和诠释。《产业聚变》对中国产业互联网的发展必将起到推动作用；对启发中国实体企业老板的思路必将产生重要影响；《产业聚变》在中国互联网的发展史上也必将留下新的烙印。愿中国产业互联网的明天更加辉煌。

作序人简介：宋玲（教授），中国电子商务协会创始人，国务院授予对国家有突出贡献的专家（享受政府特殊津贴），曾任信息产业部信息化推进司司长，国家信息化办公室主任。

李琪教授介绍

　　李琪，经济学博士，西安交通大学教授，博士生导师，中国国家教育部电子商务类专业教学指导委员会副主任，国家商务部电子商务专家咨询委员会委员，国家标准化研究院综合组专家，中国信息经济学会电子商务专业委员会主任，获得了国内第一个电子商务研究方向博士学位，出版了国内第一本电子商务专著《中国电子商务》，组建了国内第一个电子商务研究所，获得了中国第一个电子商务专业教授职称，被誉为"中国电子商务第一人"，担任多个政府、高校和电子商务公司的顾问。

中小实体企业的新希望

李琪

国家教育部高等学校电子商务类专业教学指导委员会副主任

　　今天，通读了张勇军博士的大作，总体印象很好。该书涉及大量的实体产业、网络经济、金融服务、软件开发、企业管理等知识和经验，对于一个国家公职人员，能写出这样的专业著作，确实难能可贵，值得庆贺！

23年来,我一直致力于电子商务的科研、教学和实践,见证了中国电子商务发展的许多历程,即使如此,看了张博士的著作,仍然有许多新感受。

　　首先,这是一本来自实践的书。该书揭示了我国工业发展实践中真实的、普遍的、重要的问题,深入剖析了问题的成因,创新性地提出了"产业互联CIP模式",破解了上百个发展产业互联网的关键问题,指导开发了CIP软件,形成了工业企业"一高九难"问题的系统化解决方案,并在重庆的产业互联网平台得到推广。

　　其次,这是一本解决问题的书。为什么"产业互联CIP模式"能够解决工业企业"一高九难"问题呢?笔者认为,这是因为它站在国家产业发展的高度,运用了互联网技术和产业整合原理,集成了互联网、云计算、大数据等技术,将工业细分产业(行业)集群纵横连接,把实体企业的设计研发、生产计划、产品销售、配套采购诸多要素集于平台,在互联集聚、商业模式、数据融资、企业管理、平台营销、软件功能等多个方面进行了创新,总体呈现出"1+1>2"的网络经济效应,从而大大提高了生产力,改善了生产效率和生产关系。

　　第三,这是一本通俗易懂的书。该书理论与实践紧密结合,把实践上升到理论高度,形成新的模式、新的方法、新的工具,再用理论去指导实践,开创了该领域著述的先河,是第一个"吃螃蟹者",故该书具有很高的使用价值,同时具有一定的理论价值,对拓展实体企业与网络平台融合发展大有裨益,是中国实体企业发展的新希望。

　　该书案例丰富,举一反三,文笔流畅,易读易懂,适合实体企业家、平台创始人、网络爱好者和普通消费者阅读。

　　综上,本人特别推荐,以飨读者。

本书不是一本学术著作。没有高深的理论，没有复杂的推理。但是，本书涉及许多专业知识，包括产业、网络、金融、管理、营销等，它希望通过专业知识告诉人们一些朴素的道理，启发人们的思维，因此文字表述通俗易懂、图文并茂。

本书不是一本个人传记。没有故事情节，没有人物命运，看起来不会让人心潮澎湃，读起来不会让人热泪盈眶。但是，可以给你观念、给你思路、给你方法，避免走错路、办错事、花错钱，最终赢得市场尊重。

本书不是一本网络图书。没有网络图书那么新潮，它承载了产业发展的严肃话题；没有网络图书那么奔放，它反映了实体企业的现实困境。它是网络工具与实体企业高度融合的产物，阐述了产业互联网的发展方向和运作方法。

本书的读者人群是实体企业家。如果实体企业需要降低运行成本、拓展销售市场、实现数据融资、科学计划生产、提升技术水平、开展柔性业务、防治假冒产品、促进智能制造、进行资源整合，那么你应该看这本书。如果你不看，你就不知道别人为什么发展得很好，而你干得很累，累死了还不知道原因。

本书的读者人群是网络平台建设者。如果网络平台建设者希望把握产业互联网的发展方向、思维格局、商业模式、营销策略、产业特性等，那么你应该看这本书。它可以告诉你，哪些事儿重要，哪些事儿不重要；哪些事儿应该做，哪些事儿不该做；哪些事儿现在做，哪些事儿将来做；它还可以告诉你，企业需要什么，平台怎么做大，怎样不走弯路。

本书的读者人群是消费用户。如果消费用户希望了解在哪类平台购物价格最低、假货最少、体验最好，那就需要在这本书中找答案。它可以告诉你，怎样实现私人定制，怎样才能产品直销，怎样避免购买假货，怎样体验购物乐趣。当然，消费者还能学到一些产业互联网的知识，寻找网上创业的机会。

综上所述，阅读《产业聚变——企业发展问题系统解决方案》这本书，不要苛求它的理论性、专业性，因为它不是一本学术著作；不要期望它的故事性、艺术性，因为它不是一部文艺作品。它只是站在实体企业家、网络平台建设者和消费用户现实需求的角度，以解决问题为导向、以实现目标为主旨的世界观和方法论。它是用来解决问题的，不是用来满足心情的。

突破重围

——张勇军

七年前，一张任命书，我被调任重庆市合川区工作，主要分管招商引资和负责工业园区。从报到那天开始，我的命运就注定与工业连在一起，搞好工业成为我的新梦想。

怎样搞好工业，这是我从未间断过的思考。深夜，当人们已经进入梦境的时候，我在思考工业；清晨，当人们还没有从梦乡中醒来的时候，我仍然在研究工业。每天都有大约 15 小时，徜徉在工业的海洋，或者外出进行招商谈判，或者在家解决企业问题，深度接触企业数千家。企业家们说，我像一个"老中医"，每天都有企业排队等候解决问题，因为我曾经承诺：解决企业问题不过夜。2016年初，专业部门做了一个统计，之前的 5 年时间，我分管的工业产值是 5 年前的 4 倍，工业税收是 5 年前的 5 倍，工业产值增幅多年位列重庆市前茅。

但是，面对这些别人比较兴奋的成绩，我怎么也高兴不起来。

因为我发现，工业发展中的很多问题，企业无法解决，政府也无法解决。这与企业的能力无关，与政府的服务也无关。例如，企业生产了产品却销不出去，企业要融资却没有抵押物，企业要打假可是成本太高，企业要扩大销售却不知道市场在哪里，企业要技术创新却找不到优秀人才，企业要采购材料却难以寻得合适的价格，企业要释放股权却没有合作对象，于是企业家们只能"守株待兔"、等待机会，或者主动出击、到处碰壁。看到企业家们的辛酸，我十分着急，非常痛苦，有时夜不能寐。

通过多年的学习和研究，2014年，我终于找到了一个工具，就是产业互联网。结合我的实践基础和专业背景，研究发现产业互联网可以解决企业的许多问题。后来，紧紧围绕企业关注的事项，按照问题导向的思路，提出了产业互联CIP的基本概念、主要理论、商业模式、操作方法，主持开发完成了CIP专业软件，并研究破解了100余个发展产业互联网的关键细节，目前基本上找到了企业发展问题的系统解决方案。而且，受益的是全国甚至全球的实体企业。

到此，长期困扰我的企业发展问题总算有个说法，我有一种突破重围之后的兴奋感。但是，事情并没有结束，今后会发生什么，我们并不知道。发展产业互联网的路还很长，我们一直关注着。我愿意与行业精英们继续共同探索，在探索中成长，在成长中壮大；我也愿意与行业精英们共同经受实践的考验，共同分享创新的乐趣，争取为国家产业互联网的发展尽自己的微薄之力。

1969 年,互联网在美国的大学实验室诞生。那一年,中国的文化大革命如火如荼,刘少奇等革命领袖含冤去世,林彪被确认为毛泽东的接班人。

1994 年,中国成为接入国际互联网的第 77 个国家。谁能想到,23 年后的今天,中国后来居上,一举成为世界互联网大国。2017 年 1 月初,美国候任总统特朗普亲自接见阿里巴巴马云,马云声称要与美国做一笔带来 100 万人就业的"小生意"。

今天的中国,互联网已经成为人们的"日用品"。无论在家里,还是在路上,或者办公室,你都会被互联网包围着。即使你已经熟睡,互联网还是忠实的守候着你。如果说,空气是我们生命的保障,那么互联网就是我们生活的保障。如今朋友聚会,如果不聊几句互联网,似乎显得有点土气。网红、网虫、低头族、线上线下、4B青年等网络新词汇,已经融入我们的生活。在重庆的小面馆,一个看上去大约 50 多岁的妇女问服务生:能用微信支付吗?服务生说:可以呀。人类已经离不开互联网。互联网已经从一种技术变成一种生活,已经从屌丝的玩具变成精英的工具。互联网不仅影响着人们的生活方式,还改变着人们的思维方式。互联网,无处不在。

电商作为互联网在商业领域的一种应用,已经被人们普遍接受。数据显示,2015 年中国电子商务交易规模达到 16.4 万亿,增长 22.7%,全国网络零售总额 3.8 万亿,增长 33.3%,网络零售额占社会零售总额的 12.8%。电商的出现,对传统零售业产生了较大的冲击,仅 2015 年,中国关闭的大型超市就有 121 家,包括万达、远东、百盛、阳光、麦德龙等。2016 年,重庆的网上零售额增长 43%,而实体百货店增长仅 0.8%。据报道,美国、日本的电商规模已经占据整个商业市场的"半壁江山";后起之秀的韩国,电商规模则已经超过了传统商业。

但是,这些数据只能说明,产品销售环节在互联网领域的应用水平,因为电商只是将百货公司搬到网上运行,解决了企业产品销售的部分问题。而企业关注的不仅是产品销售,还有"一高九难"等问题,即:运行成本高、产品销售难、生产计划难、技术创新难、数据融资难、个性定制难、假冒防治难、智能制造难、链供管理、资源整合难。那么,这"一高九难"问题应该怎么解决呢? 看来,互联网在工业领域的应用,路还很长。

马云曾经说过:电商将逐渐消失。那么,我们应该怎样理解这句话的含义,替代电商的是什么呢? 雷军说:在风口上,猪都可以飞起来。可是,这个风口还能存在多少时间,大风之后飞起来的猪会不会掉下来呢? 一些企业尝试自建交易网站。那么,企业自主的交易网站能够走多远,它们真的可以解决企业生产过程中的"一高九难"问题吗？

2016 年，政界、学界、商界都异口同声地认同了产业互联网的概念，希望通过互联网解决企业发展中的各种问题。这个概念很好，它是互联网发展的方向，也是实体产业发展的方向。但是，实现这个概念非常困难，有大量诸如商业模式、人才培训、产业特征、金融服务、技术开发、物流配送、运营方式等现实问题需要研究。那么，现在有没有一个产业互联网成熟的发展模式呢？

大家知道，电商不能解决企业"一高九难"问题，企业家们又希望互联网解决这些问题。现在的问题是，传统企业不太精通互联网，而互联网企业又不太精通传统企业，哑巴和聋子对话是一件十分痛苦的事情，互联网和实体企业之间还存在观念上的磨合和技术上的沟通，这正是产业互联网发展缓慢的重要原因。不管磨合需要多长时间，也不管用什么方式融入，融合的趋势是任何力量都挡不住的。鸭子走前喝清水，尽快融合的就会早点见到太阳。那么，互联网究竟应该怎样融入传统企业呢？产业互联平台在初创期间，往往都比较弱小，而实体企业往往比较强大，一个懂产业互联网的弱势企业，怎么样去说服一个不懂互联网的强势企业，强势企业怎么信任弱势企业，小马怎样才能拉动大车呢？

国家提出了供给侧结构性改革、互联网＋、中国制造 2025 等战略，地方政府也都很重视。但是，行政思维多于市场思维、金融思维和技术思维，这样必将事倍功半。那么，能不能找到一条供给侧结构性改革的市场化运行模式呢？互联网＋产业这个重大课题怎样用市场力量去突破呢？怎样将互联网、物联网、区块链融入到智能制造呢？

　　带着这些问题，我们研究并实践了一套产业互联的发展模式，叫做产业互联 CIP。CIP 解决了实体企业关注的"一高九难"问题。CIP 既是实体企业的福音，也是互联网发展的方向。

目录 CONTENTS

第一章　　基本概念/1

产业互联 CIP 是产业互联网的一种发展理论和思维方法，也是产业互联网的一套运行模式和操作工具。本章阐述了产业互联 CIP 的基本含义、主要特点、核心用户、交易模式等基本内容，强调了全链打通、产业集聚、双向"聚交"、智能互联、公共服务、产品直销、个性定制和聚集边界等重要概念，定义了产业互联 CIP 的交易模式，分析了中国产业互联 CIP 模式的发展现状，阐明了产业互联 CIP 模式的理论依据和重要意义。

第一节　CIP 的基本含义/2

第二节　CIP 的主要特征/7

第三节　CIP 的核心用户/12

第四节　CIP 的交易模式/17

第五节　CIP 的平台优势/19

第六节　CIP 的发展现状/26

第七节　CIP 的理论依据/29

第八节　CIP 的重要意义/41

第二章　　发展模式/45

发展模式是解决企业"一高九难"问题的主要方法。产业互联 CIP 的发展模式,叫做"N 集先生"。"集"是集聚的意思,"N"是一个数量,不同产业的"N"不太一样,"N 集先生"重点强调集聚带来的价值。"N 集先生"有几种常用的整合集聚模式,包括:平台集市、终端集销、标件集采、链供集管、数据集贷、产业集析、技术集研、物流集配、现金集存、先销后产、生态共建。"N 集先生"的基本原理是:"资源集聚,整合共赢";主要条件是:"产业互联,双向聚交"。总之,集聚、交易、共赢是 CIP 模式的三大特点,集聚是前提,交易是关键,共赢是目的,集聚就会出现聚合反应,集聚才能生成发展模式,集聚就能产生溢出效应,集聚方可实现利益共享。

第一节　平台集市模式/50

第二节　终端集销模式/52

第三节　标件集采模式/56

第四节　链供集管模式/57

第五节　数据集贷模式/59

第六节　产业集析模式/64

第七节　资金集存模式/65

第八节　物流集配模式/71

第九节　技术集研模式/71

第十节　先销后产模式/72

第十一节　生态共赢模式/73

第三章　　思维方式/77

思维方式反应思维高度、角度和深度。高度代表格局大小,角度代表创新意识,深度代表操作细节。互联网的思维方式很多,本章根据产业互联CIP模式,提出了七种代表性的思维方式,包括开放思维、用户思维、整合思维、扁平思维、产业思维、智能思维和独大思维。这些思维方式与消费互联网和实体企业家的思维相比,既有相似之处,也有不同特点,无论对平台公司还是实体企业都至关重要,是我们应该具备的基本素养,这是解决企业"一高九难"问题的思维基点。

第一节　　开放思维/79

第二节　　用户思维/83

第三节　　整合思维/88

第四节　　扁平思维/94

第五节　　产业思维/99

第六节　　智能思维/103

第七节　　独大思维/107

第四章　　上线企业/111

产业互联CIP主要适用于工业企业,可以为企业带来众多好处,包括降低运行成本、拓展消费市场、实现数据融资、提升研发能力、助推智能制造、优化链供管理和准确预判市场,这七大优势涵盖了企业"一高九难"十大问题,既是企业的殷切期盼,也是作者的实践成果,我们相信:只要企业上线,问题就会解决。

第一节　降低运行成本/114

第二节　拓展消费市场/119

第三节　实现数据融资/125

第四节　提升研发能力/129

第五节　助推智能制造/134

第六节　优化链供管理/137

第七节　准确预判市场/140

第五章　　消费用户/149

赢得消费市场是产业互联 CIP 模式成功的关键。产业互联 CIP 模式与传统经营和电商模式相比,具有购买价格便宜、拒绝假冒产品、实现个性定制和体验走进工厂四大优势,无论是购物价格还是消费体验都发生了较大变化,这是消费用户上网 CIP 平台的重要动力。

第一节　购买价格便宜/151

第二节　拒绝假冒产品/154

第三节　满足私人定制/156

第四节　体验走进工厂/162

附件 1:产业互联网的重庆模式/165

附件 2:国策解读/167

后记/175

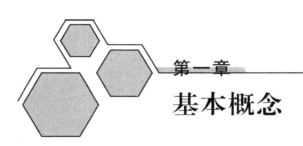

第一章

基本概念

　　产业互联 CIP 是产业互联网的一种发展理论和思维方法，也是产业互联网的一套运行模式和操作工具。本章阐述了产业互联 CIP 的基本含义、主要特点、核心用户、交易模式等基本内容，强调了全链打通、产业集聚、双向"聚交"、智能互联、公共服务、产品直销、个性定制和聚集边界等重要概念，定义了产业互联 CIP 的交易模式，分析了中国产业互联 CIP 模式的发展现状，阐明了产业互联 CIP 模式的理论依据和重要意义。

第一节 CIP 的基本含义

CIP 的中文含义是"产业集群智能互联公共服务平台"。CIP 是中文含义英文单词开头字母的组合缩写。由 1 个 C,3 个 I,2 个 P 缩减而成。C——Colony(集群),I——Industry(产业),Intelligence(智能),Interconnection(互联),P——Public service(公共服务),Platform(平台)。重点强调集群(C)、互联(I)、公共(P)。

集群(C),说的是产业定位。本书关于"集群"的概念可以理解为:具有产品交易或者信息交换需求的上线企业聚集群体。从纵向上看,集群具有产业链供关系,从横向上看,集群具有产业整合关系,没有这些关系的企业不是同一集群。产业链供关系,就是产业链上下游之间的供应关系,例如面料、纽扣、服装构成服装产业的链供关系,钢材、活塞、气缸、发动机、摩托整车构成摩托产业的链供关系。产业整合关系，就是同一产品相同配件或者同一产业不同品牌之间的关系，例如同类纽扣、拉链、面料或者A品牌、B品牌、C品牌构成服装产业的整合关系，同类车架、轮胎、车灯、发动机或者E品牌、F品牌、G品牌构成摩托产业的整合关系。服装产业与食品产业就不是一个集群，因为它们既没有纵向链供关系，也没有横向整合关联，即使它们上线集聚，也不会产生集聚价值。这个定位，实际上是确定了上线企业的边界（产业集群逻辑图见图1.1）。集群可以根据产业的交易关联特性划分，包括：医药、汽车、摩托、家居、服装、玻璃、钢材、化工、塑料、机床、通机、管业、美容等等。也就是说，不同的产业集群，可以运营不同的CIP平台，一个CIP平台只运营一个产业集群。值得注意的是，本文的分类方法与政府的分类方法不同。政府文件中经常出现装备制造、医药化工、消费用品、新型材料等产业分类，这是行政管理意义上的分类。按照这种产业分类，企业之间不一定形成链供关系或者整合关系，没有这种关系就不能形成交易关联。例如，汽车和机床都属于装备制造，请问机床与汽车有多少交易关联呢？我们认为，政府的分类方法不适合本书关于"集群"的概念。之所以本书要强调集群的概念，是为了保证平台运营的专业性、上线企业的关联性和产业利益的最大化。我们知道，不同产业有着不同的关联企业、不同的运行特点，需要不同的运行规则。我们也知道，即使将没有关联的企业聚集到同一平台，也不会产生聚合反应，不会创造经济价值，不会产生实际意义。两个同胞兄弟的企业，如果没有产业交集，他们不会产生交易合作。我们还知道，既然是专业平台，必定希望集聚全国甚至全球的同类产业,而全国(全球)任何一个细分产业的规模,都可以支撑一个专业平台的正常运营。简而言之,本书的"集群",强调企业的利益关联,定义"集群"问题,实际上是解决企业上线的动力问题。

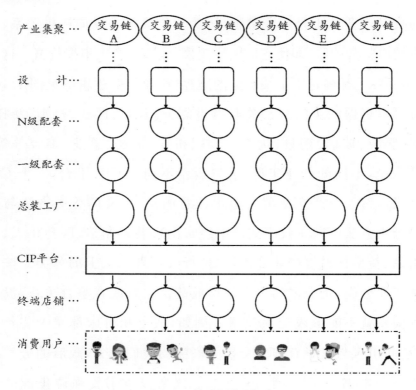

图1.1 产业集群逻辑图

问题讨论:企业商会组织怎样发挥作用?

当前,企业商会组织随处可见。那么,商会组织发挥了多大作用呢? 目前的企业商会组织,绝大多数都是以同乡会的形式出现,以工作区域+老板籍贯的方式命名,例如河南省四川商会,重庆市山西商会。商会是以同乡友情为基础,开展活动的基本方式是聚餐开会,会议主题是寻找发展机会。但是,我们发现,商会内部能够寻找到的机会很少,促进企业之间合作的可能性较低,这是为什么呢?原因就在于,老板虽然籍贯相同,从事的产业却各不一样,商会企业之间是弱关联关系,也就是商会的组织形式出现了问题。相反,如果以产业形态组建同业商会联盟,则情况就大不相同。例如,中国百强房地产企业联盟、深圳樟木头的塑料商会联盟、成都市南部县土石方业务联盟,这些联盟以产业为基础组建,抱团经营,共谋发展,是一个以经济利益为纽带的组织,联盟成员之间虽然不一定是同乡,但是具有紧密的经济关联性,这种组织往往更有凝聚力和号召力。在深圳樟木头塑料商会联盟的带动下,2015 年樟木头塑料产品交易规模达到 2.6 万亿。在成都市南部土石方业务联盟的带领下,南部县老乡获得了成都市 75% 的土石方业务。由此可见,以经济利益关联为基础的同业联盟组织,更加具有活力和价值。要知道,在这个世界上,没有永远的朋友,只有永远的利益,利益是保持长久朋友关系的基础。CIP 专业平台就是以利益关联企业聚合形成的产业集群,平台自身就是产业联盟最佳的发起人。

互联(I),说的是网络特性。互联是网络的基本特性。互联的目的,是实现关联企业的信息对称,打通关联企业的交易通道。获得信息和促成交易,是所有企业家最关心的工作。传统的公开招标方式,其实质就是为了充分实现交易信息的对称。企业老板希望通过参加聚会认识更多朋友，也是为了获取更多的交易信息。腐败现象屡禁不止，正是因为官员掌握的行政资源和行政权力信息没有向市场公开。而互联网的出现，让这些问题迎刃而解。只有互联才可能实现横向整合，也只有互联才可能实现纵向交易。传统企业如果不通过网络互联，其交易方式就不会发生变化。正因为交易方式的变化，才可能解决企业关注的降低成本、技术创新、数据融资、个性定制等等问题。如果平台不能实现产业集群的互联，就无法体现互联网的价值。在这里，互联网平台成为深度融合产业、承载上线企业的工具。如果说"集群"解决了企业上线的动力问题，那么"互联"则解决了企业集聚的通道和方式问题；如果消费互联网是将百货公司搬到网上运行，那么产业互联网就是将产业搬到网上运行。

公共（P），说的是运营角色。实现网络交易，无外乎三种模式，即借台唱戏、建台自唱、搭台聚商。企业上线别人的平台进行商品交易或者信息交换，就是借台唱戏。例如，一家服装商店在淘宝上开店，一个钢材生产企业在找钢网上开店，这些都是借台唱戏。企业自建一个平台只销售自己的产品或者管理自己的供应链，就是建台自唱。例如，山东青岛一个生产新材料的企业，自己建了一个网站，只销售自己的产品。搭建一个满足众多企业或者众多产品上线交易的公共服务平台，这就是搭台聚商。天猫、京东、神摩网、巴购、比三家、互港通、一号店就是搭台聚商的代表。站在平台建设的角度，我们主张搭台聚商模式，站在上线企业的角度，我们主张借台唱戏模式，因为只有这样才能最大限度地发挥互联网的资源整合优势。建台自唱与搭台聚商两种模式的网络技术开发成本大同小异,但是创收能力则有天壤之别。我们不主张中小实体企业自主搭建 CIP 平台,因为一个实体企业无论规模多大,只要你搭建 CIP 平台,同一产业集群的其他企业一般不愿意进入你的平台进行交易。理由是,你与他们是竞争对手。重庆有个摩托车企业,搭建了一个 CIP 平台,它希望全国的摩托品牌和配套企业都上线交易,但是推广难度很大,其他企业都不愿意上线。谁愿意将自己的交易数据在竞争对手面前曝光呢? 相反,一个叫神摩网的专业 CIP 平台,它的营销范围也是摩托品牌和配套企业,在 6 个月的时间内,却有数百家企业上线。它们的区别是,在上线企业的眼睛中,前者是竞争对手,后者是合作伙伴,前者是服务自身体系的形象,后者是服务全体企业的形象。所以,本书强调公共服务的概念。由于 CIP 平台,具有公共服务的特点,可以认为它犹如国家的高速公路一样,是国家产业互联网的公共基础设施。

综上所述,CIP 主要界定了上线企业的动力、产业集聚的方式和平台运营的主体,CIP 是产业互联网的一种发展模式,是产业互联网发展的一种基本理论,是解决企业发展问题的基本思路。

第二节 CIP 的主要特征

CIP 的主要特征是:全链打通、产业集聚、产品直销、公共服务、智能互联。

全链打通，就是以总装企业为核心的上下游产业链全部进入平台，包括设计研发企业、原料生产企业、多级配套企业、产品总装企业、终端销售企业、物流配送企业、仓储管理企业和众多消费用户，配套企业包括一级配套、二级配套、三级配套……N级配套（纵向交易链供逻辑图见图1.2）。神摩网的核心企业是摩托车，摩托车的上游配套企业包括发动机、车架、灯具、轮胎等，下游企业是网络运营平台、终端经销店铺，发动机的上游企业是曲轴、连杆、缸体、火花塞、化油器等，终端经销店铺的下游是消费用户，发动机企业的下游和终端经销店的上游都是摩托车品牌厂商，神摩网将这些上下游都链接在一起，为纵向整合创造了条件，有效实现了链供、总装、定制、销售的垂直整合。企业可以根据下游企业对产品的质量、数量、时间、配送等要求，制定上游产品的购买和生产计划，减少仓储积货资金压力。全链打通之后，每个企业还可以管理供应体系的企业，可以实现产品直销，可以实施个性定制。

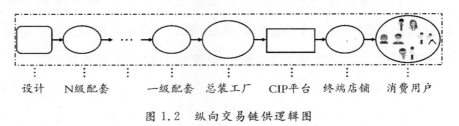

设计　N级配套　　一级配套　总装工厂　CIP平台　终端店铺　消费用户

图1.2　纵向交易链供逻辑图

产业集聚，就是将同一产业集群的不同链供企业集聚到一个平台。仍然以神摩网为例，全国有200多个摩托车品牌企业，这些品牌企业都有各自的上下游链供企业，他们将200多个品牌的数千家链供企业集聚到了一个平台。其目的是实现交易资源的横向整合,在同一产业同台运行、交易信息完全对称的情况下,有效实现了设计、研发、采购、资金、物流、数据等资源的整合,为企业发展创造了大量机会,增加了企业大笔利润。这里除了采购和数据之外,设计、研发、资金、物流,既具有产业横向集聚特性,也具有产业纵向链供特性。一个平台如果不能很好地实现资源整合,其价值将大打折扣。同样是购买化油器,如果单个企业去购买就比通过集采模式贵许多,这就是整合的价值(横向产业聚合示意图见图1.3)。

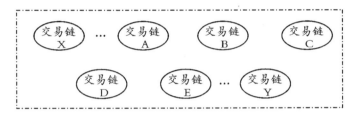

图 1.3　横向产业聚合示意图

产品直销,就是消费用户可以直接购买或者定制生产工厂的产品。由于实现了工厂直销,CIP 与电商就存在重大区别(产品销售模式原理比较图见图1.4)。首先,CIP 平台可以预防假货。电商平台之所以出现假冒产品,是因为生产厂家的产品是通过经销代理进行销售,即 B2C 模式,消费用户不能直接向工厂购买产品,中间环节的存在为假冒产品的出现创造了机会。在工厂直销状态下,生产企业没有生产假冒产品的利益动机,搬起石头砸自己脚的事是没人愿意干的。其次,CIP 平台可以实现个性定制。随着人们收入的增加和个性张扬时代的到来,个性定制正在深刻影响着高端、年轻、新潮的消费人群。工厂智能化水平的提高和巨大的消费市场,为小众高端消费用户实现个性定制提供了可能。第三,

CIP平台可以降低价格。电商平台之所以价格便宜,一个重要的原因就是去掉了部分中间经销商。在工厂直销的背景下,平台本身就是代理商,可以去掉更多中间销售环节,同时还可以通过集采模式节省众多采购环节的成本,使得产品市场价格必然低于传统电商平台。

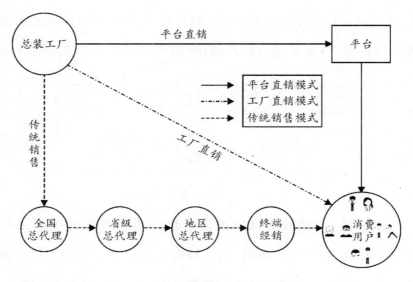

图1.4　产品销售模式原理比较图

公共服务,是说CIP平台应该定位为国家市场化的网络基础设施,在运营时能够满足同类产业集群所有企业的服务需要。这就要求平台具有公共性、开放性和安全性的特点。公共性要求不是为一个企业服务,而是为整个产业集群服务。只有公共性平台才能实现平台运营成本最小化和上线企业交易成本最小化,也只有同类产业集群才能实现资源整合最大化和整个行业利润最大化。阀门企业和食品企业,即使进入同一平台,也不会产生整合效应，没有整合效应就很难带来增值价值。开放性要求平台应该面向同一产业的所有企业，运营商不能是同一产业集群的某个企业，而是没有竞争关系的第三方。由于多个竞争对手同台唱戏，平台运营商最好拒绝竞争对手参股，否则就会将其他同业竞争对手拒之门外。安全要求平台开发设计时，应该充分考虑企业的数据保密和资金安全。在数据保密上可以采取全链封闭的设计思想，为每个企业配置一套高等级密钥的 IERP 系统，企业的公开数据可以向外发布，保密数据只有企业通过密码才能进入。在资金安全上，平台应该采用区块链技术或者建立企业总分账号，企业交易资金直接进入银行监管账号或者社会公信力极高的支付系统。由于 F 端的单笔资金规模较大，也由于 CIP 平台的服务对象有相当一部分是比平台大的实体企业，还由于改变实体企业的交易习惯较难，因此平台的资金安全和保密措施必须非常到位，赢得企业的信任。

智能互联，是指平台功能的智能化要求，包括企业管理、市场预测、数据分析、产品比价、消费体验、物流配送等都应该高度智能化。CIP 平台的技术开发难度和运营操作难度，比电商平台复杂得多、系统得多、精细得多，没有产业管理经历、宏观思维能力、软件开发能力、模式设计能力、资源整合能力和资本获取能力的人不适合经营 CIP 平台。凭热情、靠故事、没耐心、不务实，指望一个创意就大获成功的人不适合经营 CIP 平台。在平台系统异常复杂的情况下，智能化就显得特别重要。智能化不仅可以提高运行效率和提供精细服务，还可以大幅降低运行成本。企业管理的智能化，可以通过 IERP 系统科学管理企业的进销存数据。数据分析的智能化，可以提供精细的生产计划，并进行精准的市场预测。产品比价的智能化，可以帮助消费者比较同款式、同功能、同性能、同材料的产品价格。消费体验的智能化，可以使消费者通过网络视频观察产品生产过程，还可以通过 VR 虚拟现实技术在网络商场或者线下商店进行产品体验。物流配送的智能化，可以实现货物、车辆、司机、线路、仓储、资金六大物流要素资源的智能整合。目前，一些网络大咖倡导互联网产品不要系统思维，只需单点突破，这是一种误导。对于 CIP 平台，恰恰应该是：开发规划必须系统思维，平台运营可以单点突破。这样才可以保证平台运营的持续性和成长性。

第三节　CIP 的核心用户

CIP 平台的核心用户，可以分为生产用户、经销用户、消费用户和中介用户四大类，这四类用户分别承担不同环节的任务（核心用户说明图见图 1.5）。四类用户通过四个软件系统实现，终端商品交易通过终端商品公共交易网站实现（CP），主要满足经销用户和消费用户的功能需求；标件采购交易通过标件公共交易网站实现（FP），主要满足标准配套产品集采的功能需求；非标产品交易和内部资源管理通过企业交易管理系统实现（IERP），主要满足企业供应链非标产品交易的功能需求,同时满足企业内部资源管理安全保密的功能需求;物流配送通过物流资源要素配套系统(LP)实现,主要满足智能物流配送需要。

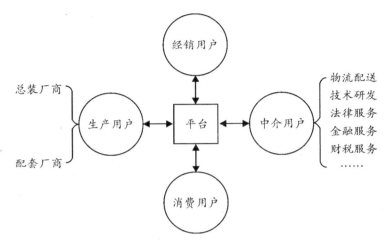

图 1.5 核心用户说明图

生产用户,是指上线交易的生产企业。生产用户包括总装厂商和配套厂商,这些生产厂商形成一个完整的产品交易链、供应链和数据链。这些交易数据,有些应该公开,有些必须保密。广告、销售、外包等信息应该公开,采购、成本、赢利、客户、技术等信息应该保密。为了满足企业的安全保密和开放整合的双重要求,每个生产厂商都有一个独立安全的 IERP 系统,这个系统既是一个企业销售交易系统,又是一个企业采购交易系统,也是一套企业链供交易系统,还是一个企业内部管理系统,它是链接 CP、FP、LP 的中枢,也是 CP、FP、LP 的系统要素(系统关系说明图见图 1.6)。IERP 系统实现了企业终端商品交易与终端商品公共交易网站连接,企业标件采购交易与标件公共交易网站连接,企业非标链供交易与上下游链供企业连接,企业物流配送交易与物流要素智能匹配系统的连接。终端商品(CP)、标件采购(FP)和智能物流(LP)三个公共交易系统完全开放,内部管理系统封闭保密,链供交易只对关联链供企业开放。也就是说,IERP 系统由三个完全开放、一个部分开放、一个完全保密共五个子系统共同组成,这种技术设置既满足了企业内部资源的安全要求,也满足了企业外部资源的整合要求。

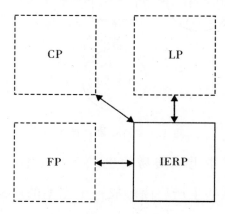

图 1.6　系统关系说明图

经销用户,是指上网开店的终端分销企业。经销用户的上游是总装厂商或者运营平台,下游是消费用户。其实,经销用户与普通电商的网店在形式上没有什么区别,因为,经销用户的 IERP 系统与终端商品公共交易网站连接,这个网站的功能与普通电商一样。当然,由于经销用户的需求相对简单,其 IERP 系统也相对简单。与生产用户一样,连接交易网站的内容完全公开,进销存等内容属于内部管理部分,应该独立封闭。与普通电商不同的是,CIP 终端商品交易网站上的所有网店,销售的都是同一产业的产品,都可以实现产品直销。

消费用户,是指上网购物的消费人群。从表面上看,CIP平台上的消费用户与普通电商相同,其实两者区别较大。首先,CIP平台上的消费用户,可以直接向工厂或者平台购买产品,实现去中间环节最大化,产品生产成本和销售价格最小化,而电商平台则做不到。其次,CIP平台上的消费用户,可以向工厂定制个性产品,消费者可以定制自己的专属产品或者小众产品,而普通电商做不到。第三,CIP平台上的消费用户,可以通过视频观察自己订购产品的生产过程,用户购物体验更好,而普通电商做不到。第四,CIP平台上的消费用户,购买假冒产品的概率极小,因为终端商品从厂家直接发货,而普通电商做不到。有人可能要问,由于CIP平台只销售同类产业集群的终端商品,那就意味着没有不同产业的其他商品,是吗?不是。因为,虽然不同产业CIP平台的企业标件公共交易网站和企业非标链供交易系统有所不同,但是不同CIP平台的终端商品交易可以融合到同一公共交易网站,这样消费用户看到的网站就是一个由众多CIP后台支撑的网上百货公司;也可以将CIP平台上的产品链接到现有大型消费互联网电商平台(CIP平台终端消费融合图见图1.7)。一个餐馆可以做几十个菜品,而食客只选择了十道菜,有凉菜、川菜、粤菜、湘菜,他们可能是一个厨师做的,也可能是几个厨师做的,这并不影响"好吃狗"们的选择。"厨房操作有差异,端到桌上都是菜",这就是不同CIP平台终端产品可以融合到专业销售网站的道理。

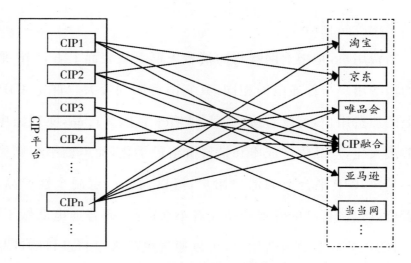

图 1.7　CIP 平台终端消费融合图

中介用户,是指上线获取外包业务的中介机构。包括物流配送、技术研发、法律服务、财税服务等。物流配送系统是个复杂开放的物流资源智能配置系统,任何验证合格的三方物流、承运公司、司机个人、货源单位、仓储机构、线路运营部门,都可以成为这个系统配置有效的资源。技术研发一头连着技术研发需求企业,另一头连着技术研发人才和机构,这样可以实现社会空余技术人才资源和大量技术需求企业的有效整合,最终目的是实现降低技术创新成本和提高技术创新效率。

问题讨论:网络众包集成模式怎样实现技术保密?

网络众包集成模式,就是组织同业的技术力量,通过技术分块众包方式,共同完成某一企业技术创新任务,再由需求企业进行技术集成的开发模式。有人要问,技术创新是企业的核心机密,如果通过网络人才完成技术开发任务,那么技术成果怎样才能保密呢?

一盘回锅肉需要十二种佐料，油、盐、酱、醋、葱、蒜、糖……一样不少。但是，卖佐料的商家并不知道你放了多少醋，也不知道你什么时候放醋，卖醋的商家不会知道炒回锅肉的技术秘密，这个秘密只有厨师知道。知道的人不说出去，不知道的人怎么会知道。同样的道理，企业可以将技术需求拆分成若干模块进行众包，技术集成、整合组装还是由企业完成，把最专业的事交给最专业的人去做，既实现了技术创新，又实现了技术保密。其实，整合本身就是一种创新。

第四节　CIP 的交易模式

所谓交易模式，就是平台上不同交易对象之间的不同交易方式。普通电商主要有商业用户（Business user）和消费用户（Consumer）两类交易对象，为此产生了消费用户与消费用户（C2C）、商业用户与消费用户（B2C）、商业用户与商业用户（B2B）三种常见交易模式。为了解决线上交易和线下服务问题，又出现了线上（Online）和线下（Offline）交易服务模式，即 O2O 模式。

CIP 的交易模式比较复杂，主要原因是，CIP 平台为了准确地表达交易状态，将商业用户 B 细分成工厂用户（Factory user）、技术用户（Technical user）和平台自身（Platform itself），为此 CIP 平台主要有以下几种交易模式：

F2C（P2C）：即产品直销模式。这是一种直接通过生产工厂或者运营平台向消费者销售产品的模式。由于去掉了所有的经销环节,产品价格必然最便宜,而且有效减少了假冒伪劣产品。F2C 和P2C 的区别在于,前者是工厂直销,后者是平台直销,前者既生产又销售,后者只销售不生产。

C2F(C2P):即个性定制模式。这是一种消费用户根据自身消费偏好向工厂或者平台提出个性化产品需求,由工厂按照消费用户的要求进行柔性生产的模式。个性定制模式是目前正在新起的一种消费倾向,未来可以占领网络销售市场的半壁江山。

P2F:即平台集采模式。这是一种为了降低生产工厂的采购成本,运用团购原理,由平台组织下游工厂向上游工厂集合采购标准配件的一种模式。产业链越长,标准件越多,总装企业受益越大,产品终端销售价格可能越低。假定平台每级集采节约采购成本6%,每级配套标准配件占 30%,采购成本为 A,那么,每级配套节约采购成本 1.8%A(A×6%×30%),即每一个亿的采购,每级节省采购成本 180 万。

F2F:即专业链供模式。对于非标配套产品,不能采用集采交易模式,只能采用专业链供模式。所谓专业链供模式,就是由下游企业指定上游企业长期供应专业产品的交易模式。这是下游企业提高产品竞争力、确保质量可靠性和技术保密性的重要手段。

F2T:即技术众研模式。技术是一种特殊商品,技术产品的交易规则与传统商品有所不同。正因如此,技术众研模式才是 CIP 的一种特殊模式。所谓技术众研模式,就是集中行业技术研发力量,采取技术众包、创意招标、技术转让等形式,实现生产企业快速获得技术、降低研发成本、确保技术秘密的一种交易模式。

F2O(P2O)：即线下体验模式。为了满足消费用户或者生产用户现场购物体验和解决配送效率较低的问题，部分产品需要线下体验。这种模式主要适用于价格较高、经久耐用、必须试用的产品，例如汽车、摩托、外衣，这种需要建立线下终端体验的模式就是F2O(P2O)模式。产品标准、价格较低、高频消费、无需体验的快销品，可以不采用F2O(P2O)模式，例如电脑、图书、食品、内衣。P2O模式与F2O模式的相同点在于，它们都需要建立线下体验店，不同点在于，前者直接向平台订货，而后者可能向工厂订货，前者的体验店由平台建设，而后者的体验店可能由工厂建设。

C2C：即用后产品交易模式。一般来说，CIP平台的产品以直销为主。但是，CIP平台形成影响之后，无论是新用户还是老用户都喜欢上线看看，当一些消费用户希望卖旧货而另一些消费用户希望买旧货，CIP平台为了赢利也乐于开展二手交易业务时，就会产生C2C的交易形态。

以上七种是CIP的基本交易模式，在实际交易过程中，可能发生一些演变。例如，可能存在CIP交易与传统电商同台交易的混合模式，也可能存在CIP不同交易模式同台交易的现象。

第五节　CIP的平台优势

针对以上CIP平台的五个特征，我们不难发现CIP平台与电商平台的区别。它们的主要区别表现在以下几个方面：

首先,平台的功能不一样。电商平台关注的是产品销售,CIP平台不仅关注产品销售,更加关注产品生产和企业运行,解决企业"一高九难"问题。在电商平台的基础上,CIP平台还应具备企业资源管理、个性用户定制、配件集合采购、产品创新研发、交易数据融资、链供企业管理、生产视频观察、数据分析判断等特殊功能。

其次,产品的成本不一样。电商平台去掉了部分经销环节,产品价格相对便宜。而CIP平台实现了产品直销和个性定制,去掉了全部中间经销环节,即使P2C、P2O模式也只保留了平台、终端等必要的经销环节,而且通过集采、集研、集存等模式,大幅降低了生产成本,产品价格必然更加便宜。同时,去掉中间环节后,可以有效防治假冒产品。

第三,开发的难度不一样。电商平台的软件技术开发相对简单,而CIP平台是由IERP、CP、FP、LP、DP、BP等多个系统组成,这个系统满足的是不同用户的不同特点,而且每个产业的IERP、CP、FP系统不太一样,较难实现标准化,最多只能实现开发要素和使用功能的标准化。先进的平台还应该开发智能制造系统软件。一些软件公司宣称,一套Saas系统可以满足所有企业的应用需求,这只是异想天开,虽然"理想很丰满",但是"现实很骨感"。Saas系统可以满足部分专业的标准化,比如财务、社交等,但是很难满足不同产业的CIP系统。

从CIP平台与电商平台的区别中,可以看出CIP平台的优势主要表现在以下几个方面:

减少流通环节。电商平台的产品交易发生在中间商与消费者之间,而CIP平台的产品交易发生在工厂与用户或者平台与用户之间,其他中间经销环节基本消失。流通环节的减少,必然带来流通成本的大幅下降和及时精准的市场信息。

　　精准预判市场。"工厂主动生产、用户被动选择"的传统产销模式,存在诸多问题,而这些问题对于 CIP 模式则可以迎刃而解。首先,市场定位不够准确。在传统产销模式下,产品定位由生产企业根据市场反馈确定,而市场反馈总是滞后于市场需求。在 CIP模式下,每个消费用户的反馈信息,都可以第一时间秒传到生产工厂,软件可以智能分析每个工厂每天、每周、每月的市场信息,CIP还能智能分析行业的销售情况和智能判断行业的市场趋势。生产工厂根据智能判断的市场趋势定位消费用户,开发生产新款产品,这样市场定位的准确率和满足市场的及时性都大幅提升,有效地避免了决策失误。其次,惨烈竞争无法避免。传统产销模式下,各家生产工厂都在"闭门造车",生产新款的信息绝对保密,一方面造成产品雷同、相互杀价、两败俱伤的现象,另一方面一些最新市场需求无人发现,工厂错失开发生产差异化产品的机会。在 CIP 模式下,市场的各种细微变化都会被及时、准确地发现,企业根据自身的能力开发各类细分市场,这样虽然市场竞争仍然不可避免,但是各得其所,竞争有序,可以降低杀价竞争的概率,保护各自的利润空间。我们应该明白,在人口基数庞大的中国,任何一个细分市场的份额,都不亚于一个小国家的市场容量。第三,小众需求很难满足。无论是大众市场,还是小众市场,对于生产工厂而言,固定投入成本基本相同,因此小众市场的单品成本可能较高。在这种情形下,开发小众市场必须要有比较准确的市场数据支撑,否则就可能"赔了夫人又折兵"。而传统产销模式很难及时获取准确的市场最新需求信息,于是一些生产企业为了回避风险,选择了放弃小众市场。在 CIP 模式下,由于生产企业可以获得准确的市场需求信息,即使小众市场也敢大胆投入、主动进攻,从而为占领小众市场赢得了机会。总之,在 CIP 模式下,可以及时掌握市场信息,准确分析市场信息,科学预测市场信息,消费用户从被动接受选择到主动参与开发,生产工厂从粗暴抢占市场到精确瞄准市场,既可以避免工厂的盲目生产,也可以提高用户的满意程度。

拓展个性市场。个性定制是个巨大的新型市场,欧美发达国家已经成功实践多年,并形成了个性定制的基础理论——长尾理论。个性定制主要满足的是小众用户和私人定制,然而目前的电商产品仍然由工厂批量生产,只能满足大众用户需求,消费用户也只能在比较中被动选择已经出厂的产品,比较选择的最好结果是"比较满意",而不是非常满意,传统产销模式不具备让用户非常满意的条件。由于 CIP 模式实现了生产工厂和消费用户的直接连接,工厂可以按照用户的需求设计和生产,满足了用户的心理需求,提升了用户的满意程度。当然,个性定制不是没有局限。从消费用户角度讲,个性定制在满足用户对产品独特追求和尊贵心理的同时,必然增加生产成本,产品价格也相对较贵,因此个性定制主要满足的是高端消费人群。一般规律是:产品越独特价格越昂贵,古董、书画价格贵的原因不过如此。德国生产的汽车大众辉腾,价值超过百万,主要销往中国,辉腾较贵的原因之一,就是它给自己贴上了"手工打造"的标签。从生产工厂角度讲,有些产品可以完全实现个性定制,有些产品只能局部实现个性定制,关键是看产品是否需要单独开模和单独研发,服装、家具等是可以完全实现个性定制的产品,汽车、机床等是可以局部实现个性定制的产品。从产品成本角度讲,虽然个性定制增加了生产成本,但是省去了大量流通成本,综合起来价格不一定比市场价格贵,关键看具体产品的个性化程度。服装领域的个性定制可能比市场价格便宜,而且企业获利也较高。无论怎么说,个性定制正在成为一种新潮的消费方式,而 CIP 模式适应了这种消费潮流,具有广阔的市场空间。

防治假冒伪劣。假冒伪劣产品不是出在生产环节,就是出在销售环节。在利益驱动下,工厂生产不达标和不合法的产品,商家销售以次充好和贴牌售卖的产品,都是假冒伪劣产品。工厂的伪劣产品是为了降低生产成本,商家的假冒产品是为了获得更高利润。相对来说,生产环节出现问题的概率较小,销售环节出现问题的概率较大,因为生产环节出现问题的纠错成本太高。电商之所以不能消灭假冒伪劣产品,是因为绝大部分电商是中间经销商,中间经销环节为制造假冒伪劣产品创造了机会。由于 CIP 模式可以实现企业和用户的直接链接,中间经销环节造假的可能性基本消除。

整合产业资源。在传统发展模式中,纵向关联企业之间,往往可以形成产业链供合作关系,而横向关联企业之间,往往只能形成同行竞争排斥关系。而 CIP 模式整合的不仅是链供合作企业,还要整合同行竞争资源。竞争对手之所以能够整合,是因为它们都需要上游资源和中介资源,包括设计、研发、配件、法律、税务等。在传统发展模式中,由下游企业向上游企业进行单独采购,而在CIP 模式下则可以实现集合采购,集合采购时参与采购的企业都会降低成本,这样原本的竞争对手就转变为战略合作伙伴,实现了产业资源的有效整合。打败竞争对手,这是每个企业希望达到的目标,然而在不能打败对手的情况下实现合作共赢,照样是企业希望达到的目标。CIP 模式可以大幅降低企业采购成本,这是实现产业资源整合的商业机理。今后企业竞争的赢家就是那些思想开放、积极上线 CIP 平台的企业;相反那些思想保守,拒绝上线 CIP 平台的企业,可能就是死得最快的企业。我们应该知道,当我们不能改变世界的时候,只有选择适应。

提升研发能力。企业的发展无外乎是解决技术创新和整合创新两个重大问题。传统发展模式下的技术创新,一般是企业组建研发团队自主创新,或者直接购买技术专利。自主研发的问题是,团队能力受限、研发时间较长、投入成本较高,而且可能失去市场机遇。购买专利的问题是,购买投资较大、专利保密时间较短。在 CIP 模式下,可以采取众包方式,集中社会优秀技术人才参与研发,而社会人才可以充分利用空闲时间完成研发任务,技术集成仍然由企业负责,在实现技术保密的情况下,可以提高研发效率和降低研发成本。猪八戒网就是运用这套方法,实现了创意产品的网络交易。

降低企业成本。与传统发展模式相比,CIP 模式可以从多个方面降低企业运行成本。首先,降低流通成本。流通渠道的每个环节,都会消耗成本,包括仓储、物流、房租、人工和利润,一般每多一个流通环节平均就会增加 25% 左右的成本。而 CIP 模式可以实现工厂直销或者平台直销,去掉了一些中间流通环节,成本自然会降低。其次,降低采购成本。由于 CIP 模式可以实现集采,采购成本自然会降低。产业链越长的企业,降低成本的空间越大,因为每级集合采购都会降低一次成本。第三,降低研发成本。由于 CIP

模式充分利用了社会优秀技术人才的空闲时间,不需要企业支付工资,所以外包费用必然降低。第四,降低物流成本。由于 CIP 模式的物流交易系统,实现了货源、车源、司机、仓储、线路、资金等信息的完全对称,实现了物流要素资源的高度匹配,减少了返空、零担现象,物流成本自然也会降低。第五,增加存款利息。在 CIP 模式下,上线企业享受的是平台与结算银行的协议存款利息,比单个企业存款利息高出许多,这笔利息可以由运营平台和上线企业分享,给上线企业带来增值收益。这些降低企业成本和增加企业收入的方式,并没有改变企业的现状,企业只需认可这种商业模式就可实现降低成本和增加收益的目的。

实现数据融资。在传统发展模式中,企业贷款融资往往需要超过贷款资金的实物抵押。这是银行在无法准确判断企业经营状况的情形下,十分必要的风控措施。而在 CIP 模式下,企业的交易数据可以向银行开放,银行根据真实的销售交易和采购交易数据,提供供应链金融等服务。

进行链供管理。在传统发展模式中,企业管理上游和下游的工具主要是电话、邮件或者微信。这些沟通信息需要进行甄别、筛选和转化,才能形成管理数据。而 CIP 模式可以通过网络,按照标准制式进行传递和共享数据,不仅减少大量劳动,而且企业可以清楚掌握上游采购产品的生产等信息和下游购买客户的使用等信息,实现了企业上下游信息一体化管理。实现链供管理的方法很简单,只要上下游企业同时进入平台开发的 IERP 系统,就可以完全实现各类数据的互联互通,这些数据包括产品销售、配件采购、资金流向、物流位置、仓储现状、生产进度等信息。

第六节　CIP 的发展现状

目前,CIP 模式在中国还处于探索实践阶段。给我们的总体感觉是:处处都有 CIP,处处都无 CIP。说有,是因为能够看到 CIP 局部的影子;说无,是因为没有看到 CIP 清晰的全部。但是,有一点值得肯定,那就是:千军万马都在朝着 CIP 的方向奔跑。归纳起来,中国 CIP 模式的发展呈现"四多四少"的现象。

纵向上,链端多、全链少。目前,CIP 的实践集中在产业链最上游和最下游的较多,而将整个产业链全链打通的较少。最上游的有:以钢材采购为主的找钢网,以塑料采购为主的互港通,以化工采购为主的摩贝化工等,它们都是 CIP 的重要组成部分。他们之所以只运营最上游的产品,是因为这些产品的市场规模足够大。最下游的有:以食品销售为主的一号店,以电器销售为主的京东,以图书销售为主的当当网。在消费互联网高度发展的今天,他们之所以还在消费互联网领域发展,是因为他们希望走专业细分的道路。实际上,这些最初设计的专业细分平台,现在已经在向综合电商的方向发展。无论是上游的材料产业电商,还是下游的细分消费电商,他们的理念还停留在电商,虽然实现了产业整合,但是没有实现全链打通,产业互联的思路没有完全实现,对于生产企业来说,只解决了局部问题,而不是全部问题。神摩网则走出了一条与众不同的发展路线,他们以摩托整车企业需求为出发点,企图运用"全链打通、产业整合"的思路,全面解决摩托产业的产品销售、配套采购、技术研发、数据融资、市场预测、营销渠道、智能制造等方面的问题,这是一个典型的 CIP 平台,关键是他们这套思路,使得在同质产品市场价格大幅下降的同时,成倍增加了生产企业的利润收入,降低了整个产业的运行成本。神摩网的思路,实际上就是一个摩托产业网上工业园区,既实现了纵向打通,又实现了产业集聚。

　　横向上,企业多、产业少。目前,有一种模式叫作垂直电商,也称为企业互联网。垂直电商是链接企业的上游和下游,实现上下游信息对称和产品交易的一种模式。这是一种相对水平电商而言的分类方式,当前的消费互联网基本上归属于水平电商的范畴。在垂直电商理论的指导下,许多企业自行研发了交易系统。据调查,中国的服装产业 90％以上的企业建立了信息网络平台,25％以上的企业建立了产品交易平台,1％以上的企业建立了垂直链供交易系统。在装备制造领域,也有大量的企业建立了链供垂直交易系统。这个系统实际上是 ERP 的升级版,他们之所以建立这些系统,主要目的是销售自身产品和实现链供管理。但是,垂直电商模式有许多无法克服的缺点。首先,从思路上看,它是企业自身的一个独立系统,不能进行横向的产业整合,虽然可以进行单体招标采购,但是无法实现集合采购。由于它们的竞争对手,没有理由暴露自身的交易数据,这决定了它们的平台只能"自编自演,自弹自唱"。其次,从销售上看,由于平台的销售渠道、流量规模和影响范围有限,消费人群大多还是原来的老客户,虽然也能通过网络获取一些新客户,但是新增客户的速度相对较慢。交易规模的局限,是垂直电商平台影响能力较弱和远离社会资本的重要原因。第三,从投资上看,无论是服务单个企业,还是服务整个产业,开发一套交易软件的成本几乎没有区别。而互联网平台的投资规律是,用户越多边际成本越接近零。既然是这样,为什么不直接上线 CIP 公共交易平台呢？现在的问题是,绝大多数产业还没有出现 CIP 公共交易平台,企业只能独立开发。当本产业的 CIP 平台出现之后,垂直电商模式就成为一种过渡期的模式。当然,对于特别大型的企业,例如汽车等产业,垂直电商模式实际上是一个龙头企业产业链内部的 CIP 模式,因为他们对上游采购有较强的控制能力,对下游消费也有足够的品牌影响能力。

模式上,破点多、破面少。目前,在 CIP 部分环节上进行点状突破的企业较多,全面突破的较少。猪八戒网在创意领域的技术外包模式,找钢网等找字辈的上游集采模式,京东的平台自营模式(P2C、P2B),都在一定程度某个点位上实现了 CIP 的模式。但是,以整个产业为基础全面突破模式的企业比较少见。而 CIP 的模式"N 集先生",则全面破解了不同环节的发展问题。点状突破产生了大量使用效率很低的手机 APP,统计显示:国内有近 1/3 的企业有自己的 APP。APP 这么多,使用率有多少呢？在月度活跃用户达千万或人均单日使用时长达 3.9 分钟的 APP 中,几乎都是搭台聚商模式,而点状突破和垂直电商的 APP 很少有人过问。这背后的原因在于,企业自建 APP 既难以有效整合竞争对手的资源,又要花钱推广,发展路径错位,因此难以发展起来。巴购公司是一个服装产业的 CIP 平台,他们则按照 CIP"系统思维、点状突破"的思路运行平台,占领了中国服装产业的制高点。

思考上,实践多、理论少。中国似乎已经进入全民创新时代。

在产业互联网领域,虽然已经存在大量的实践创新,但是这些创新缺乏理论支撑。很多产业互联网领域的创新都能看到消费互联网的影子,而消费互联网与产业互联网有着太多的区别,完全用消费互联网的思路破解产业互联网的问题是行不通的,这正是一些企业创新失败的原因。例如,在营销模式上,烧钱模式不一定适应产业互联网;在运营主体上,以第三方为主体的搭台聚商模式比以企业自身为主体的建台自唱模式更加合理;在软件开发上,以 IERP 为中枢的平台系统比以交易网站为中心的系统更加科学。CIP 理论的建立,为产业互联网的创建和运营构建了基本框架和操作路径。在 CIP 理论指导下,重庆市已经上线 CIP 企业 10 余家,包括互港通、比三家、积福宝、神摩网等 CIP 在内的企业已经积累大量成功的经验,多家 CIP 平台企业已经获得政府和社会资本的投资。但是,我们在当当、亚马逊、京东上搜索 CIP 相关书籍,就能发现目前市场上并没有系统论述产业互联公共服务平台的书籍,这正是本书的意义所在。

第七节　CIP 的理论依据

CIP 不是无源之水,有着多个理论支撑,包括自由竞争理论、需求层次理论、产业集聚理论、系统思维理论、长尾理论等。

自由竞争理论。18 世纪中叶,以英国亚当·斯密为杰出代表的古典经济学派创立了自由竞争理论,该理论是市场经济的基础理论,长期指导着资本主义社会的发展。市场机制是"看不见的手"、政府应该扮演"守夜人"角色、每个人都是"经济人"等人们熟悉的经济学观点，都是这一理论的重要思想。自由竞争的基本观点是：竞争越激烈越能满足社会需求，越能发挥人才潜力，越能促进产品创新。

在互联网背景下，产业互联 CIP 发展模式，更加充分地实现了竞争信息的对称，为自由竞争插上了飞翔的翅膀。CIP 模式发展的结果，就是最大限度地满足了消费需求，最大限度地提升了产品质量，最大限度地降低了生产成本，最大限度地减少了过剩产品，最大限度地促进了产销匹配，最大限度地实现了资源有效配置。一句话，产业互联 CIP 建立了一套供给侧结构性改革的市场化运作模式，产品质量较差、创新能力较弱、运行成本较高、市场预测不准、产能过剩严重、资源配置错位的企业，必将通过市场手段在竞争中淘汰出局。相反，一些思想开放、积极上线的企业，将会成为 CIP 模式的受益对象。

需求层次理论。1943 年，美国心理学家亚伯拉罕·马斯洛在《人类激励理论》一书中提出了需求层次理论。书中将人类需求从低到高划分成五个层次，分别是：生理需求、安全需求、社交需求、尊重需求和自我实现需求（马斯洛需求层次理论示意图见图1.8）。需求层次理论告诉我们两个道理：其一，只要有需求，就会产生动力；其二，不同层次的人，有不同的需求。企业是满足用户产品需求的主体。马斯洛研究的是人的需求层次，同样的道理，企业也存在需求层次。企业的需求分为四个层次：即赢利平衡需求、利润提升需求、规模发展需求、行业垄断需求。追求赢利平衡的企业，参与市场竞争的主要方式是价格竞争，这类企业往往是初创企业或者市场准入门槛较低的企业。追求利润提升的企业,参与市场竞争的主要方式是产品创新和降低成本,这类企业往往是创新能力较强或者市场准入门槛较高的企业。追求规模发展的企业,参与市场竞争的方式是塑造企业品牌、提高产品质量、持续更新换代、开拓新型市场、资本推动并购。追求行业垄断的企业,参与市场竞争的方式是塑造国际形象、挤压竞争对手、抢占市场资源、独占领先技术等。

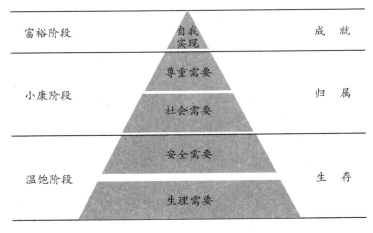

图 1.8　马斯洛需求层次理论示意图

实体企业是产业链价值微笑曲线的最低端。长期以来,企业客观存在的需求没有得到解决,包括降低企业成本、进行产品直销、满足个性定制、防治假冒伪劣、精准预断市场、实现数据融资、提升研发能力、促进智能制造、完成资源整合,这些都是企业的发展需求。由于 CIP 模式满足了企业的这些需求,必将激励实体企业上线运营。不过,不同阶段的企业对 CIP 模式各项优势的敏感程度有所不同,上线的主要目的也可能有所不同。在赢利平衡阶段的企业,上线的主要目的可能是降低企业成本、扩大销售渠道;

在利润提升阶段的企业，上线的主要目的可能是提高研发能力、满足个性定制；在规模发展阶段的企业，上线的主要目的可能是提升品牌价格、实现数据融资、防治假冒伪劣、提升智能水平；在行业垄断阶段的企业，上线的主要目的可能是完成资源整合等。总之，无论企业对 CIP 的各项优势是否敏感，CIP 平台满足企业各项需求的作用都客观存在。

产业集聚理论。产业集聚的研究产生于 19 世纪末，马歇尔首先关注产业集聚现象。马歇尔之后，产业集聚理论有了较大的发展，出现了许多流派。比较有影响的有：韦伯的区位集聚论、熊彼特的创新产业集聚论、E·M·胡佛的产业集聚最佳规模论、波特的企业竞争优势与钻石模型等。产业集聚理论主要强调降低成本、提高效率和扩大影响，产业集聚某一区域之后，区域企业之间的物流成本、公共基础设施的分摊成本、资源配置要素的交易成本都必然降低，区域内部的物流配送效率、资源配置效率、产品配套效率、信息传递效率、专业服务效率都必然提高，区域的对外影响能力、产业引导能力、市场号召能力也都必然增强。产业集聚一般由资源原始产地、产业龙头企业或者大型专业市场所在区域确定，产业集聚区域一般也是产业链最上游或者最下游的优势区域。在中国，工业园区的出现就是产业集聚理论的实践成果。重庆笔记本电脑的产业集聚，也正是在产业集聚理论指导下，抓住了多家全球电脑总装厂商这个产业龙头，在三年之内形成的新型产业。

虽然 CIP 模式继承了产业集聚的理论，但却改变了产业集聚的形态。CIP 模式的集聚空间，不是在某个地理区域，而是在某个网络平台；降低成本的内容，不是物流配送和公共分摊成本，而是产品交易成本；影响范围的广度，不是区域局部，而是全国甚至全球；提高效率的方式，不是缩短物理距离，而是共享网络信息；形成集聚的原因，不是资源条件，而是平台的商业模式。此时，平台作为一种资源集聚工具，充当了传统产业集聚方式中龙头企业的作用。这一点，政府部门应该引起高度关注。CIP 集聚模式，可以分为纵向集聚和横向集聚两种方式。纵向集聚不一定由总装企业发起，产业链条上的任何一个企业，无论大小都可以发起上游和下游的集聚，进行链供信息管理。横向集聚也不一定由产业联盟或者政府机构发起，任何一个交易关联企业都可以主动上线。CIP 上线企业集聚的动机，不是招商引资游说的结果，而是上线企业利益驱动的结果。

系统思维理论。1932 年，美籍奥地利生物学家 L. V. 贝塔朗菲提出了系统论的思想。系统思维是强调统筹思考系统之中各种关联要素相互关系和相互影响的一种思维方法。系统思维的核心是树立整体观念，不仅仅要看某个要素，还要看它对其他要素的影响。权变理论是系统思维理论的重要发展，权变理论要求随系统要素的变化而随机应变。

CIP 模式就是用系统思维方法创建起来的一个理论体系，它要解决的不是企业的单个孤立问题，而是企业的所有主要问题；不是一个企业的发展问题，而是一个产业的发展问题；不是某个产业环节的问题，而是产业链中各个环节的问题。提出"产业互联""网上园区""双向集聚""链供管理""技术集成""N 集先生"等观点和"一高九难"问题的解决方案，都渗透了系统思维的思想。这一思维方法与电商单点突破、碎片思维的思想有着本质的区别。当然，

CIP 模式在具体操作中,可以根据不同阶段的实际情况,按照"系统思维,逐个击破"的策略实施。

长尾理论。2004 年,美国《连线》杂志主编克里斯·安德森提出了长尾理论(长尾理论模式示意图见图 1.9)。长尾理论是网络时代兴起的一种新理论,长尾理论揭示的是:众多小众需要叠加起来产生的销量可能等于甚至大于大众产品的销量。下图纵向坐标表示销量大小,横向坐标表示商品种类,红色部分的商品是销量的"大头",蓝色部分是销量的"长尾"。在红色"大头"中,虽然每个品种的销量较大,但是品种数量有限;在蓝色"长尾"中,虽然每个品种销量较小,但是品种数量很多,将蓝色"长尾"部分叠加之后的销量,可能等于或者大于红色部分的"大头"。"长尾"是根据蓝色部分图形的一个形象说法。这就是"涓涓细流,汇聚成河"道理,也是"小数×大数=超级大数!"(公式中所有数据大于1)的道理。

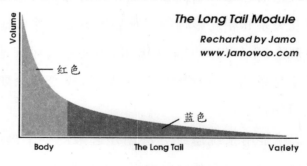

图 1.9　长尾理论示意图

问题讨论:小众商品销量之和能够大于大众商品销量吗?

我们假定大众商品是由两种商品组成的一个单元,小众商品照样每两种商品组成一个单元,由若干小众单元构成"长尾",如果销量排名第一的大众商品单元销量为1,第二名的小众商品为第一名的一半,第三名的小众商品为第二名的一半,以此类推,则按等比数列求和得知所有商品的总销量为2。也就是说,第二名及第二名之后所有小众商品构成的"长尾"销量之和为1,这样大众商品与众多小众商品之和的销量均为1。这个推算证明:大众商品和小众商品各占半壁江山,而且小众商品的利润一定会超过大众商品。因此,企业在关注销量极大的大众商品时,还应该关注销量较小的小众商品。统计资料显示,亚马逊网络书店有1/4的销售额来自排名10万名以后的书籍。要知道,一般大型书店的储书容量不会超过10万种,这意味着亚马逊网络书店与传统书店相比,增加了1/4的"长尾"收入,而且这些"长尾"书籍由于其专业性强的特点,一般不需要降价销售。

长尾理论这个图形,根据不同消费用户的不同需求确定。它说明在消费行为中,市场需求比较旺盛的商品种类往往是绝大少数,市场需求比较冷清的商品种类往往是绝大多数。生产企业为了降低规模生产的平均成本,往往只能生产市场需求旺盛的绝大少数商品,而不能生产市场需求冷清的绝大多数商品。二八定律阐述的就是这个道理。1897年,意大利经济学家帕累托归纳出一个统计结论:即20%的人口享有80%的财富。这个结论被广而用之,衍生出"满足少数商品需求的大众客户左右满足多数商品需求的小众客户",或者"一部分人的需求决定另一部分人的选择",这已成为一个普遍原理。传统营销策略中,商家主要关注那些能够用20%的品种满足80%客户的产品,忽略了那些能够用80%的品种满足20%客户的产品。二八定律带来的问题是,小众客户的需求不能得到满足,于是小众客户只能委曲求全,选择大众客户十分满意而小众客户相对满意的商品。在这种情形下,生产工厂为了降低产品成本索性只生产大众产品,而小众产品客户就成为被遗忘的群体。

CIP模式实践了长尾理论,却挑战了二八定律。首先,大众产品的客户开始分散。消费人群随着财富的积累、知识的增长、个性的显现、网购的成熟和供给的多元,人们越来越不满足规模化生产模式下的大众产品,人云亦云的流行产品不会再像过去那样向几种商品高度集中。也就是说,大众客户正在向小众客户分流,20%的商品不一定能满足80%的客户需求,80%这个比例正在逐步下降。其次,小众产品的定制成为可能。传统产业模式都是先生产后销售,而CIP模式可以直接链接消费用户与生产工厂,生产工厂可以根据消费用户的个性需求定制产品。从理论上讲,任何产品都可以定制,只不过有些产品可以实现全面定制,有些产品可以实现局部定制。从成本控制角度考虑,不需单独开模、单独配方、单独研发的产品都可以实现全面定制,相反只能实现局部定制。如果不考虑成本则所有商品都可以全面定制。第三,小众产品的成本大幅下降。CIP模式是通过网络,采取先销后产模式实现个性定制,这样可以从多个方面降低产品的销售成本。包括降低营销渠道成本、仓储积货成本、物流中转成本、资金占用成本等。当然,在降低销售成本的同时,也可能增加个性定制的生产成本。在销售价格不变的情况下,如果降低的销售成本大于增加的生产成本,那么企业的单品利润不仅不会降低,反而还会增加。如果"长尾"需求用户(小众或者个性)的全部单品利润叠加起来,完全可能超过"大头"用户的利润，甚至超过数倍。这样 20％ 的大众商品创造的利润可能低于 80％ 的小众商品创造的利润。

问题讨论：哪些小众产品适合个性定制？

虽然小众产品都可以定制，但是个性定制依然应该考虑成本。软件、家具、钢材、塑料、电线、旅游、原材料、农产品、3D 打印等产品，可以全面实现个性定制，因为这类产品一般不需要单独开模、单独配方和单独研发。汽车、摩托、机床、电脑、器皿、药品、食品、发动机等产品，可以局部实现个性定制，因为这些产品都需要单独开模、配方或者研发，它们可以部分实现个性定制，包括外观色彩、标示图案、内部装饰、钳入软件、部分配件等。

以上这些理论有个共同特点，那就是来源于实践。由于每个理论研究的重点和适用的条件不同，它们能够解释的经济现象也不同。CIP 不是机械地照搬理论，而是在产业互联网的背景下，结合重庆市的成功实践，对这些理论作出了新的解释或者新的修订。实践是检验真理的唯一标准，CIP 也将在实践中不断展示蓬勃的生命力。根据上述理论和实践经验，本书归纳出 CIP 模式的核心思想，那就是："双向聚交"，"聚交"的含义是集聚和交易。"双向聚交"思想构建了 CIP 的理论模型，它主要揭示了以下三条规律：

第一，纵向供应链聚规律。供应链是由配套商、总装商、代理商、运输商、零售商和消费者多个主体构成的一个系统。其中，总装商是这个系统的核心企业，总装商的上下游形成一个相互依存的利益共同体，把这个共同体集合在同一个产业互联 CIP 平台，就是供应链聚。对于中游配套企业,虽然它们的供应链聚系统没有代理商和零售商,但是它们仍然有供应商、运输商和"消费者",它们的"消费者"就是下游企业。供应链是纵向关联关系,这种关系是在商业的启蒙阶段就已经存在的规律。只不过传统意义的供应链还没有上升到系统管理的高度,也没有系统管理的技术手段,而产业互联 CIP 平台通过信息化手段将它们集聚在一起,实现了供应链体系企业之间信息的无缝对接,企业可以将上下游纳入一个整体进行管理,同时破解了供应链体系管理时间和空间的局限。有人说过,当今的市场竞争已经不是企业之间的竞争,而是供应链体系之间的竞争。供应链聚解决了供应链系统的链供管理问题,所谓链供管理就是供应链管理,包括配套链聚和销售链聚。销售链聚可以解决总装厂商与销售市场的信息对称问题,总装厂商可以通过供应链整合,去掉中间经销环节,直接面对下游消费用户,开展产品直销和个性定制业务,根据消费用户的需求计划生产和配套采购,减少产品积压、折线物流、转运装卸、库房租金、人力管理等资金占用成本。初创企业由于还没有建立销售渠道,可以完全抛开建立销售渠道的传统思路,直接采取产业互联网供应链聚模式开展销售业务。配套链聚可以解决下游工厂与上游配套工厂的信息对称问题,下游工厂可以了解上游工厂的采购、生产、配送等情况。产业互联网的纵向供应链聚,是利益驱动的结果,反映了供应链的聚集规律,是供应链体系管理的有效方法,用好这个规律可以给企业带来诸多利益,产业互联 CIP 理论模型,正是依据这一规律提出了供应链聚的概念和方法。

第二,横向产业集聚规律。把同一产业不同的供应链聚企业,集合在同一平台,称为产业集聚。传统的产业集聚只能实现区域集聚,诸如上海的汽车、重庆的电脑、广东的服装、云南的旅游。而产业互联 CIP 平台的集聚则实现了全域集聚,"产业集聚无边界"是产业互联网的重要特征和最大优势。CIP 平台的产业集聚,由同一产业的若干供应链聚企业组成,为企业创造了大量发展机会。供应链聚企业越多,运营平台的价值越大。在标准配件采购方面,下游企业需要同类标准配件时,可以通过平台公开招标集合采购模式,组团采购上游企业的标准配件,从而降低了采购成本,避免了采购腐败。在非标产品供应方面,由于非标产品具有一定的专业性和保密性,传统采购模式是指定上游企业长期供货,这种模式的优点是可以保持非标配套产品的技术稳定性,问题在于由于非标产品采购数量较小,使得单品价格较高。而 CIP 平台集聚了大量同类企业,一个下游企业可以同时面对多个上游企业,一个上游企业也可以同时对接多个下游企业,既给下游企业重新选择供应商提供了大量机会,也给上游企业拓展新业务创造了大量机遇,这种竞争态势可以更好地鼓励企业提高技术水平和降低产品价格,更好地实现市场自由竞争和淘汰落后产能。在消费用户获取方面,同一公共服务平台集聚了众多不同消费需求的用户和满足不同用户需求的产品,平台的影响力和知名度远远超过单个企业自建的交易平台,具有强大的市场引流功能,消费者可以自由选择自己喜欢的产品,只要产品质量过关、价格相对便宜、购物体验较好,就不用担心产品的销售问题。在中介服务费用方面,由于平台集聚了大量企业,法律、财务、税务甚至物流等中介服务机构,它们为了获得平台这笔庞大的中介服务业务,必然降低中介服务价格。

如果把供应链聚企业比喻成一个家族的"亲戚",那么产业集聚就是一个圈子的朋友。亲戚是已经存在的合作,朋友是可能产生的合作,朋友可以变成亲戚,亲戚也可以变成朋友。关键是要经常上网走动,机会总是赋予有准备的头脑。只要上了同一个平台,就犹如进了同一个门,一家人就不要说两家话。这就是产业集聚的功能,也是产业互联 CIP 的魅力。

第三,关联交易分聚规律。商业的核心是交易,企业的本质是通过交易获利,利益最大化是企业永恒的追求。无论是供应链聚,还是产业集聚,最终都只有形成交易,才会创造利润和更有价值。"双向聚交"的商业逻辑是:聚集是交易的前提,交易是聚集的结果。供应链聚是现在已经形成交易的企业组合,产业集聚是未来可能形成交易的企业组合。无数具有交易关联的企业集合到同一平台,就会产生聚合反应,增加企业上线交易的动力和赢得企业上线交易的机会。交易动力和交易机会,是判断是否形成"双向聚交"的主要标准。没有交易动力和交易机会的企业,它们不愿意,也不可能集合在同一平台,即使集合在同一平台,也不会产生交易价值。现在的问题是,开放的市场没有边界,企业交易是交叉的,产业关联也是交叉的,一个企业的交易可能涉及所有产业。例如,在链供领域,一个服装企业的纽扣涉及塑料产业,塑料涉及化工产业,化工涉及石油产业;拉链涉及金属产业,金属涉及金属加工产业,金属加工涉及数控机床产业,数控机床涉及电子元件产业,电子元件涉及芯片制造产业,芯片制造涉及软件产业;在消费领域,购买服装的消费者,希望顺便购买一把蔬菜,购买蔬菜的消费者,希望顺便购买一个热水器,购买热水器的消费者,希望顺便购买一部手机。那么,一个服装产业的 CIP 平台,是不是还要同时集合电子、软件、钢铁、石油、塑料、手机、农业等产业呢? 显然没有必要,也没有可能。确定平台运营的产业,应该遵循交易关联分聚规律。所谓关联交易分聚规律,就是按照交易的关联度确定产业边界。交易关联度是衡量产业边界的重要依据,上述案例中,纽扣和拉链与服装具有高度关联,它们应该归属同一产业平台,而其他交易都是低频率和小数据的关联交易,不应该集合到同一产业平台。交易关联度的大小怎么确定呢? 经验告诉我们:如果两个产业或者两个企业的交易交集超过 40%,可以认为是高度关联的产业或者高度关联的企业,可以将其列入同一产业平台。例如,纽扣、面料对于服装,辣椒、蔬菜对于食品,雨刮器、方向盘对于汽车,键盘、鼠标对于电脑,它们都可以列入同一产业平台。一些虽然交易交集很小,但是具有配套关系的企业,例如拉链既可以用在服装上,也可以用在箱包上,玻璃既可以用在汽车上,也可以用在建筑上,塑料既可以用在摩托上,也可以用在汽车上,它们是否可以列入同一个产业平台呢? 从满足配套的角度来说,只要是配套产品都应列入同一产业平台;从平台运营的角度来说,交易交集较小的配套产品,可以作为平台的运营产品,不要作为平台的运营重点。

第八节　CIP 的重要意义

CIP 基本概念和理论架构的提出,是归纳总结国际国内互联网发展历史的结果,是分析研究国际国内产业互联网应用现状的结果,是网络与产业的一次深度融合,是产业发展模式的一次全面变革,是网络应用技术的一次系统集成,它实现了产业集群的网上集聚,实现了研发、生产和消费等环节的全链打通,实现了互联网、物联网、区块链和智能制造、虚拟现实等技术的融合应用,必将深刻地影响实体产业的发展和网络应用的升级,是继消费互联网之后网络技术应用的又一次创新。

首先,CIP是产业发展的新模式。商王朝的商业始祖王亥是商业的缔造者。至今,企业始终都是以独立经营的形式从事采、产、销业务。而CIP把采购、生产、销售、研发、服务等以产品为核心的各个环节整合集聚在一个网络平台,同时将同一产业的关联企业也整合集聚在一个网络平台,平台不仅填平了产业交流的信息鸿沟,而且实现了竞争对手的合作共赢。这样,每个平台都承担了一个网上园区、一个"龙头"企业、一个结算中心、一个宣传媒体、一个税收大户的角色。产业集群网上集聚的结果,必定带来企业运作方式的新变化,也必定带来政府服务方式的新变化,形成新的发展模式,适应新模式对政府和企业都具有一定的挑战性。对于政府,与服务工业园区的区别较大,应该形成政府服务CIP企业新的制度体系,包括政策引导、投资策略、宣传发动、智力支持、金融服务、发展氛围等。对于企业,与传统运行模式的区别也较大,应该形成以网络采购、研发、销售、物流、金融等业务的人才队伍,当然CIP平台企业是网络运营的主导者,上线企业作为网络用户应该适应CIP企业运营模式。

其次,CIP是网络技术的新应用。国家提出了互联网+战略,产业互联网只有一个概念和零零散散的实践,这些实践大多集中在产业的上游(例如钢材、化工、塑料),并且呈现点状突破和区域布局的特点,还没有形成针对整个产业的系统发展模式。CIP 模式为国家的互联网＋战略增添了新内容,是实现国家互联网＋战略的重要举措,找到了互联网＋产业的市场运作模式和技术集成方法,把产业互联网从概念变成了系统解决方案,同时实现了物联网、区块链、智能制造、视频观察、虚拟现实等技术与互联网的有机融合。互联网与区块链的有机融合构成了 CIP 的智能结算系统,物联网与智能设备的有机融合构成了 CIP 的智能制造系统,视频观察与虚拟现实的有机融合构成了 CIP 的智能消费系统,这些系统最终都以互联网为载体,使各种网络技术得到充分运用。

第三,CIP 是调整结构的新举措。国家提出了供给侧结构性改革的战略,供给侧结构性改革的主旨就是调整经济结构,按照市场规律有效配置资源要素。CIP 正是调整经济结构、实现产业升级、有效配置资源的市场化运作模式,是实现国家供给侧结构性改革的重要手段。其一,CIP 可以调整产业结构。CIP 作为平台经济的重要内容,是一种不需消耗土地资源的新型经济形态,政府可以在基本不供地的情况下获得税收,CIP 产业与传统产业一起共同构建了新的产业结构。其二,CIP 可以调整产品结构。CIP 的个性定制功能,满足了高端消费用户的需求,CIP 的产品直销功能,防治了假冒伪劣产品,今后的网络消费不仅是低端消费,也包括高端消费,促使产品结构的调整。其三,CIP 可以调整投资结构。CIP 在实现降低企业运行成本的同时,还要实现个性定制和智能生产,这样在减少采购、仓储等占用资本的同时,必然加大设备投资。其四,CIP 可以调整产能结构。国家提出供给侧结构性改革应该降成本、去产能、去库存、去杠杆、补短板，CIP正是实现"一降三去一补"的工具，产业集聚整合形成的商业模式，使得上游下游和竞争对手处于同一平台，实现了关联资源和关联信息的全面整合，资源配置效率高，资源交易成本低，整合结果就是积极上线的企业实现了"一降三去"，必将成长壮大，消极观望的企业未能实现"一降三去"，必将逐步淘汰，因为前者的赢利能力远远大于后者。这样，行业的产能就会向CIP上线企业集中，其他产能就会被淘汰。其五，CIP可以调整流通结构。由于CIP实现了直销，去掉了更多中间环节，改变了物流要素配置方式，流通领域必然发生重要变化。这些结构的调整完全，符合国家供给侧结构性改革的方向。

第四，CIP是智能制造的新引擎。由于CIP集聚的是同类企业，智能制造软件部分具有生产流程和智能控制上的相似性，各家企业可以共用标准软件，或者修订标准软件，节约了软件部分的投资。第一个购买软件的消费企业，可以变成第二个购买软件的投资企业。这样，第一个购买软件的企业后期可以赢利，第二个购买软件的企业价格便宜，而智能系统开发企业一套软件可以获得多个企业的运营维护和设备销售利润，一举多得，必将有力推动行业的智能制造水平。

第五，CIP是产业互联的新理论。虽然产业互联网的概念已经提出，但是产业互联网至今没有形成一套系统的理论。CIP从基本概念、核心思想、思维方式、商业模式、运营策略等方面全面系统地阐述了产业互联网运行的规律，形成了产业互联网的理论支撑，避免了企业走弯路。

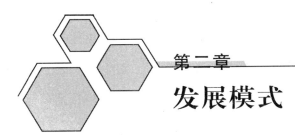

第二章

发展模式

　　发展模式是解决企业"一高九难"问题的主要方法。产业互联 CIP 的发展模式，叫作"N 集先生"。"集"是集聚的意思，"N"是一个数量，不同产业的"N"不太一样，"N 集先生"重点强调集聚带来的价值。"N 集先生"有几种常用的整合集聚模式，包括：平台集市、终端集销、标件集采、链供集管、数据集贷、产业集析、技术集研、物流集配、现金集存、先销后产、生态共建。"N 集先生"的基本原理是："资源集聚，整合共赢"；主要条件是："产业互联，双向聚交"。总之，集聚、交易、共赢是 CIP 模式的三大特点，集聚是前提，交易是关键，共赢是目的，集聚就会出现聚合反应，集聚才能生成发展模式，集聚就能产生溢出效应，集聚方可实现利益共享。

　　说清发展模式,必须弄清现实问题。发展模式为破解现实问题而生。目前,产业发展存在一些单个企业很难解决,地方政府也很难解决的瓶颈问题。破解这些问题,必须依靠发展模式的创新。产业发展存在的问题,主要表现在以下几个方面:

　　第一,销售环节成本太高。产品出厂价格与终端销售价格差距较大,主要原因是产品出厂之后,存在全国总代、省级代理、市级代理、区县代理和终端分销多个环节,而各个环节都存在物流、房租、仓储、人力、利润等成本。根据调查,摩托整车产品有两到三级代理,按照两级代理计算,全国总代成本占出厂价格的 12.5%(含物流成本),终端经销占出厂价格的 37.5%(含物流成本),共计增加成本 50%。一辆出厂价格 4000 元的摩托车,终端售价则变成 6000 元,增加了 50% 的成本,而总装厂商只有 10% 左右的毛利,降低销售环节成本的空间几乎没有。经销环节成本太高的主要问题是,品牌销售代理系统比较分散,一个品牌一个销售系统,全国约 240 个品牌就需 240 个销售系统,而每个销售系统只负责一个品牌销售，由于每个店铺的销售数量有限，单车销售成本必然较高。全国约有 33200 个区县和乡镇，但是多数品牌的终端店铺数量大约1000 个左右，也就是说全国终端店铺共计约 24 万(1000×240)个，共计消耗代理成本 1067 亿[3200÷(1＋50％)×50％](注：全国摩托车销售产值为 3200 亿)，而每个品牌终端店铺平均覆盖率仅为3％(1000÷33200)，这就带来产品市场占有率极低的问题，也是造成品牌影响力分散的重要原因。在这种背景下，总装企业既离不开代理渠道，又觉得渠道费用过高，这是摩托车产业多年发展历史产生的问题。其他产业也面临类似的问题，只不过有些产品在专卖店销售，有些产品在大超市销售。电商模式的出现，实现了部分产品的网上销售，但是上网开店的网商仍然是中间经销商，销售链较长的问题，依然没有彻底解决，部分销售成本在网店的上游环节就已经发生。那么，能不能去掉更多的中间环节，实现产品直销呢？

第二，交易信息比较封闭。由于品牌厂商之间横向信息相对独立，上游下游之间纵向信息反馈滞后，交易信息不对称的问题比较突出，造成无法建立有效的产业协同机制。信息不畅带来行业发展中的问题，主要表现在以下几个方面：首先，市场恶性竞争。为了应对激烈的市场竞争，经销商利用消费用户喜欢降价的心理，低价抛售产品，造成终端代理利润降低，售后服务质量较差。其次，产品规划失误。由于市场信息滞后，决策缺乏数据支持，造成企业很难准确预判市场。在市场信息不太对称的情况下，产品规划往往不能真实地反映市场需求，可能造成耗时耗资开发的新产品得不到市场的积极响应，仓库积压严重。即使真实地反映了市场需求，由于品牌厂商之间不能有效协同，可能出现的雷同产品一拥而上,在分散市场注意力的同时,潜在市场需求又无法满足。再者,企业腐败严重。由于交易信息没有公开透明,标准配件采购和非标配件供应的交易过程存在大量腐败现象。一家生产电脑的台湾企业,采购主管在两年时间内竟然吃掉采购回扣 2 亿元美金。大型企业存在的问题,中小企业往往也存在。中国是个人脉社会,多数采购人员都与老板有着千丝万缕的情感联系,老板虽然心里明白,却揣着明白装糊涂。然后,物流成本居高。因为信息不太对称,物流的货源、车源、司机、仓库、线路、资金六大要素无法进行有效整合,造成返空、零担现象严重,物流成本居高不下。远程运输和集中承运可以通过规划物流路线的方案较好解决这个问题,但同城配送的返空和零担现象非常突出,至今很难解决。假如物流资源信息完全对称,那么以上这些问题将迎刃而解。最后,交际成本较大。由于信息不太对称,企业家们被迫将时间、精力、资金花在人际应酬上,现在已经习惯成自然,这些应酬在伤害身体的同时,也消耗了精力和资金,没有时间学习和思考,造成一些企业家的思维水平、知识结构、人文素质和生活质量都有待提高,这对企业的持续发展有害无益。那么,能不能建立一个公开透明、公正合理的信息共享机制,整合竞争对手的资源,实现共同赢利呢?

第三,创新能力有待提升。目前,多数企业都有研发团队进行技术创新,正是因为这种现状,才造成全国的技术力量高度分散,每个企业的研究创新能力都较弱,产品创新周期较长,成本较高。反映在市场上的状况是,产品似曾相识,新品上市滞后,劣质产品较多,高端产品较少,个性用户流失,仓库积压普遍。一方面有人花高价购买发达国家的产品,另一方面中国品牌滞销待售或者低价出售。这就是中国游客出境抢购刮胡刀、微波炉、净化器、化妆品、保健品、奢侈品……甚至马桶、奶嘴的原因。那么,能不能通过产业互联网平台,将技术人才向网上集聚,协同开发创新产品呢?

第四,三角债务非常普遍。无论是市场销售环节,还是生产配套环节,下游拖欠上游资金的现象都大量存在,而且已经固化成产业发展的市场潜规则,这个潜规则一级传导一级,造成整个产业链的资金流动性变差,每个企业的财务成本都会增加,发展生态有待改善。汽车产业的上游企业配货到岸后,下游企业需要6-18个月才能支付货款。摩托产业的上游企业配货到岸后,下游企业需要4-6个月才能支付货款。那么,能不能通过网络平台,按照供应链金融的思路,解决供应链的三角债问题呢?

解决产业发展问题,无外乎模式创新和技术创新两种方式,本章讨论模式创新问题。通过产业互联CIP平台解决产业诸多问题的发展模式,叫作"N集先生"。"集"是集聚的意思,"N"是一个数量,不同产业的"N"不太一样,"N集先生"重点强调集聚带来的价值。"N集先生"有几种常用的整合集聚模式,包括:平台集市、终端集销、标件集采、链供集管、数据集贷、产业集析、技术集研、物流集配、现金集存、先销后产、生态共建,共计11个分类发展模式。"N集先生"的基本原理是:"资源集聚,整合共赢";主要条件是:"产业互联,双向聚交"。总之,集聚、交易、共赢是CIP模式的三大特点,集聚是前提,交易是关键,共赢是目的,集聚就会出现聚合反应,集聚才能生成发展模式,集聚就能产生溢出效应,集聚方可实现利益共享。如果说,股份合作思想实现了企业资源的集聚,社会主义思想实现了国家资源的集聚,那么,CIP思想将会实现产业资源的集聚。

第一节　平台集市模式

平台集市模式，就是将同一产业不同品牌的商品集中同一平台的销售模式。塑料、化工、钢铁、摩托、服装、药品、阀门、玻璃、家具等都可以建立产业平台，形成集销市场。平台集市主要销售传统渠道没有的产品，包括电商专买、空白市场、消费众筹和个性定制产品。大家可能要问，这不正是电商的销售模式吗？平台集市与电商集市貌似相同，实则形似而神不似。首先，商品来源不同。CIP 平台的商品直接来源于工厂，而电商平台的绝大部分产品来源于中间网商。其次，代理主体不同。CIP 平台商品的销售代理主体，或者是工厂自身（F2C），或者是运营平台（P2C），电商平台的网商主体 70% 是谋求第二职业的个体经营者（B2C）。运营平台代理时，一个平台一个营销系统，可以代理多个品牌，而传统营销是一个营销系统只代理一个品牌。第三，购物体验不同。CIP 平台的 P2O 模式，可以将同一产业的不同品牌集中到同一店铺（商场）销售，消费者可以从多个品牌中自由选择；CIP 平台的 C2F 模式，可以实现私人定制，还可以视频参观生产过程，消费体验从比较满意到完全满足。第四，市场价格不同。平台代理、工厂直销、私人定制、终端集售等方式，都大幅降低了流通成本，市场价格当然便宜，这些是电商很难做到的。第五，专业程度不同。CIP 平台只经营和研究一个产业的商品，而电商则是一个网上百货公司，显然

CIP平台服务用户的专业化程度要高很多。第六,产品用途不同。不同的CIP平台,可以经营居民消费用品,也可以经营工业消费用品,而电商平台以经营居民消费用品为主。

　　集市模式的作用主要表现为以下四点:第一,集市模式把平台变成了一个统销渠道。传统销售模式是一个品牌一套销售系统,造成大量渠道资源的浪费,也提高了各个品牌的市场价格。CIP模式下,不同品牌都可由一个平台统一代理销售、统一渠道资源、统一终端建设、统一广告营销,必然大幅降低销售成本。其次,集市模式把平台变成了一个网上商城。一方面,CIP平台商品便宜和假货较少两大优势,必然快速引流大量的消费用户;另一方面,CIP平台用户较多和服务专业两大优势,又必然快速引流大量的销售商品。消费用户和销售商品两种力量,既有相互促进的正向作用,又有相互制约的反向影响,这就犹如鸡与蛋的关系,鸡越多蛋越多,蛋越多鸡也越多。当两种力量正向作用时,消费用户和销售商品相互作用,形成病毒式营销态势,商品越来越多,用户也越来越多,两种力量都成几何倍数增长,此时平台就成为商品和用户的最佳入口,一个全球性或者全国性的网上集聚商城由此诞生。第三,集市模式把平台变成了一个传播媒介。当销售商品和消费用户积累到一定数量时,无数企业家和消费者的眼睛都会关注平台,一个被人关注的平台就具备了传媒价值,企业可以通过平台发布广告,平台可以通过后台发布信息,共同引导消费行为。一个产业互联平台日均流量超过10万比较容易,这相当于一个地方传媒的发行量。而且,产业互联CIP平台具有精准传播的特点,传播的针对性和有效性是大众传媒的数倍甚至数十倍,避免了广告投放和信息传播的盲目性。第四,集市模式把平台变成了一个数据中心。海量的交易数据集聚平台后,通过智能软件分析系统,可以将其变成有价值的商业数据,用于预测市场走向、开发新型产品、制订生产计划、统计销售情况等。而一些从事大数据运营业务的企业,由于全球(全国)数据开放程度不够,也不熟悉企业对产业数据的需求,不仅难以获取数据,而且难以形成商业数据,这正是目前该类企业运行困难的原因。

第二节 终端集销模式

所谓终端集销模式,就是将平台集市的众多产品集中到一个终端店铺的销售模式。终端集销模式是平台集市模式的一种特殊情形,主要针对 P2O 交易模式。目前,传统商业终端销售主要采取百货超市、专业市场和专卖店铺三种形式。日用、高频等快销商品一般在百货超市销售,比如牙膏、食品、蔬菜、水果、家电、烟酒等;大型、低频等慢销商品一般在专业市场销售,比如家具、机床、服装、文具、五金、药品等;技术维护多的专业商品,一般在专卖店铺销售,比如汽车、摩托、手机等。

CIP 平台的产品以产业进行分类,产品的终端分销可以采取终端借道、终端整合、终端网售和自建终端四种模式。终端借道,就是与传统的终端合作,传统终端既销售传统渠道的产品,也销售网络平台的产品。终端整合,就是同一产业的不同品牌整合到同一店铺进行销售。终端网售,就是无需开设实体终端店铺,只需通过邮寄送达产品。这里的终端整合和自建终端,就是本章所指的终端集销模式。

终端集销模式有五个优势:一是节约经销成本。集销模式集中了众多终端产品,减少了终端销售店铺,降低了终端店铺成本。由于传统渠道终端销售过于分散,造成每个终端店铺的单品平均成本居高不下。如果采取终端集销模式,各个品牌都由平台销售,这样代理品牌增多、销售规模增大,单件销售成本必然下降。二是提高终端利润。由于集销模式集聚了多个品牌,前期可以采取借道整合方式,没有经销成本,后期经销成本比重太小,终端增加的收入都是纯利。三是减轻铺货压力。个性定制和消费众筹两种模式不需铺货,由消费用户先付款后提货,减轻了集销模式终端分销的资金压力。四是增加销售网点。对于品牌厂商,过去产品销售考虑到成本问题,不能实现全国覆盖,而集销模式可以在全国建立上万个终端店铺。五是承接境外业务。当平台基本完成终端集销系统建设后,可以开展跨境业务,利用已经建成的终端经销系统,销售境外产品。采取终端集销模式,需要解决好以下几个问题。

第一,怎么确定终端分销的选择问题。解决方案是:每个区县选择一家原有的终端经销商,这家终端经销商最好是社会影响最大、经济实力最强、销售经验最多、电商热情最高,而且地处各类品牌销售相对集中的区域。挑选终端经销商方法是,按照孵化创客的思路,在全国范围公开招聘终端经销创业合作团队,合作团队只需按照平台的操作规则、提成比例和服务标准运营并做好售后服务即可,操作规则、提成比例和服务标准等事项由平台完成。评价中标合作团队的标准主要是团队综合能力,原则上由综合能力最强的团队中标。如果没有合适的原有终端分销商,则需从原有终端分销之外选择。由于公开招标可以扩大平台影响力,提升平台知名度,广告效应明显。所以,即使已经选好了终端分销,也应该通过公开招标方式来确定。这既是一个广告问题,也是一个布点问题。也就是说应该线上发布和线下调查结合,广告宣传和深度沟通结合,为了实现线上发布后线下的快速响应,应该事先在全国各地进行广泛的线下沟通,否则就会出现线下冷场问题。

第二,怎么解决终端铺货的资金问题。传统渠道是由传统总代用现金向品牌厂商购买,终端经销再向总代购买。也就是说,如果按照传统模式,平台应该先支付提货资金。虽然 CIP 渠道的个性定制和消费众筹两种方式,由消费者提前支付购买产品的资金,但是电商专卖产品仍然需要少量用于购买展示产品的资金。那么电商专卖产品由谁出资购买呢?解决方案是,由终端经销商通过平台直接向工厂购买产品,因为传统渠道终端经销也要向经销总代购买。这就对终端经销商的经济实力提出了更高的要求。当然,终端经销也可以说服消费用户先通过平台支付现金,然后到终端经销提货,理由是电商渠道产品比传统渠道产品便宜许多。至于店铺装修、租房等资金,由于选择的终端分销绝大部分都是已经有终端店铺的老板,前期可以利用现有的店铺、仓库、维修等线下资源开展销售服务。这样,终端经销商在没有增加成本的情况下,增强了赢利能力。后期当销售规模增大时，需要更大的店铺和更多的铺货，这时终端经销已经赚钱，装修和货款资金应该不是问题。如果需要贷款，可以采取供应链金融的方式由银行等金融机构提供。

第三，怎么解决消费用户的体验问题。电商的三种销售方式中，部分电商专卖产品存在线下体验问题。由于选择的终端经销是在品牌销售相对集中的区域，前期可以充分利用这一特点，引导消费用户先到同类品牌的传统专卖店去体验，后在终端集销店铺提货，相信后期终端店铺会主动扩店和铺货，最终解决线下体验问题。为了满足消费用户习惯进行价格比较的心理体验，最终形成集销产品的比较优势，终端经销只需将款式、型号、功率、性能、功能等主要指标与相似（相同）的传统渠道产品做一个比较表格即可，这样在价格优势的驱动下，可以大大刺激消费用户购买电商渠道产品的欲望。

第四，怎样解决终端代理的管理问题。平台应该统一设计软件、统一发展模式、统一交易规则、统一提成比例、统一店铺标识、统一店内风格、统一管理考核、统一奖励标准。

第五，怎么解决电商产品的成本问题。前期总装厂商可以在老产品的基础上，改变产品的外观色彩，并且注明"电商专卖"字样，这样在基本不增加企业生产成本的基础上就开发了"电商专卖"产品，即使两种渠道市场价格不一致也可以自圆其说。后期由于平台交易规模上升，具有较大的主导权，品牌厂商可以根据用户需要开发真正意义上的"电商专卖"新产品。至于个性订制和消费众筹产品，本来就是只有通过电商平台才能实现销售的独特方法，传统经销总代自然无话可说。

第三节 标件集采模式

三个闺蜜周末一起逛商城,看上了一条围巾,标价 1000 元一条,店员说:最多 98 折。闺蜜们讨价说:95 折,我们买 3 条。店员说:好,薄利多销嘛。闺蜜们的这种购买行为,就是生活中的集采现象。

所谓集采模式,就是将所有下游企业需要的标准配件向上游企业发起公开招标集合采购的模式。标件集采模式可以降低下游企业的成本,同时又可以增加上游中标企业的收益。站在卖方角度看,当集合出售利润大于单体出售利润时,集采模式就成立。前述"闺蜜集采"案例中,假定商家按照 98 折出售,每卖一条围巾获利 100 元,也就是单品利润率为 10%(100÷1000),如果按照 95 折出售,商家让利 3%,也就是单品利润率为 7%,每卖一条围巾赚 70元,三条赚了 210 元。闺蜜和商家都是赢家,皆大欢喜。其实,这三个闺蜜不算太狠,如果她们要求商家按 93 折出售,商家应该也会同意,因为 93 折时,商家的单品利润率是 5%,每条围巾赚 50元,三条共赚 150 元,大于单卖赢利的 100 元。

产业链下游企业向上游企业购买配件有两种情形,即标准配件的招标采购和非标配件的供应采购。鉴于非标配件的供应采购,一般上游供应与下游采购企业都有长期供应采购合同,价格按照合同约定随着市场的变化调整,不宜采取标件集采模式,集采模式主要适应于标准配件。不同链供节点和不同链供企业的标准配件和非标配件比重有所不同,一般规律是:供应链越向上延伸标准配件的占比越大。摩托车总装厂商的标准配件一般在15％左右,是整个产业链中标准配件最少的下游企业,总装厂商上游企业的标准配件都会大于15％,最上游企业的标准配件(原材料)可以达到100％。也就是说,越上游的企业,标准配件越多,集采的作用越突出,降低的采购成本越大。之所以出现这一现象,是因为下游企业特别是总装企业,他们的产品将面向消费用户,为了讨好消费用户,必须走差异化发展道路,开发有特色、有优势的产品,这就要求产品的配套部件应该与众不同,尽量少用标准配件,配件的差异化必然带来产品的差异化,差异化的产品必然避免同质化、提升竞争力。

集采模式是网络集聚优势和团购消费原理的完美结合,共同利益诉求将原本的竞争对手变成共同采购的合作伙伴,公开招标方式把原本的私密采购变成公开招标的阳光行为,这将使中标企业赢利总额更大,招标企业购买成本更低,产业发展可以培育优势企业。

第四节　链供集管模式

链供集管是指供应链集成管理,也就是以中游企业为核心,将上游和下游多个企业主体视为一个系统,集成管理企业之间的交易数据。在 P2C 和 P2O 模式下,总装企业由一级配套企业和网络运营平台构成链供管理系统,在 F2C 和 C2F 模式下,总装企业由一级配套企业和终端消费用户构成链供管理系统,在 F2O 模式下,总装企业由一级配套企业和终端销售店铺构成链供管理系统,在 F2F 和 P2F 模式下,中游配套企业由上游企业和下游企业构成链供管理系统,在 F2T 模式下,技术发包企业和研发接包企业(个人)构成链供管理系统。有三点值得注意,一是进入链供管理系统的数据,仅限于企业之间的交易数据,不涉及不同企业主体的内部保密数据。因为上下游企业之间的交易交集不一定完全重合,而且不同企业主体的利润、税收等数据需要保密。这一点从横向规定了链供系统的范围边界。二是链供管理系统只包括直接交易企业,不包括间接交易企业,也就是链供管理系统只能由直接上游和直接下游构建,不能越级构建。从技术上讲越级构建没有问题,但是越级构建照样可能暴露关联企业的财务秘密。这一点从纵向上规定了链供系统的深度边界。当然,当上中下都隶属同一集团公司时,也可以将整个供应链列入一个链供管理系统。三是本节"直接关联"的概念与本书"全链打通"的理念并不矛盾,"全链打通"是针对平台而言,强调的是整个供应链系统的信息共享,而"直接关联"是针对链供交易系统而言,强调的是链供系统的交易管理,每级"直接关联"的链供交易数据串联在一起就实现了"全链打通"。

链供集管模式有以下几个作用:第一,建立了链供系统的信息渠道。上游企业可以第一时间掌握下游企业的需求信息，根据下游需求确定采购计划，形成产销一体的快速反应机制；下游企业也可以第一时间掌握上游企业的供应信息，根据供应节点安排生产计划，形成供产一体的统筹协调机制。第二，缩减了销售系统的代理环节。传统销售模式之所以存在逐级代理，是因为逐级代理可以分散资金压力，也是因为消费市场信息无法直接传递到总装厂商，而在 CIP 链供集管模式下，消费市场信息可以直接传向总装厂商，同时消费用户先支付货款、总装厂商后生产商品，如果是代理平台先支付货款则可以通过供应链金融的方式解决资金问题，这样就可以压缩销售系统的中间代理环节实现平台直销，甚至去掉全部中间环节实现工厂直销。第三，实现了消费用户的个性定制。既然消费信息可以直接传向总装厂商，总装厂商就可以根据消费用户需求开展个性定制业务，扩大市场销量。当然，前面说过个性定制还要考虑产业特性和企业偏好等因素。第四，提高了链供体系的竞争能力。以上链供集管的四个作用，必然降低产品终端价格，必然提高市场反应速度，必然提升系统赢利能力，必然提高企业管理水平，这些必然的结果共同促成了链供体系竞争能力的提高。

第五节　数据集贷模式

贷款难、贷款慢、贷款贵是实体企业面临的主要困难之一。贷款难是因为一些实体企业没有抵押物和质押物,无法形成资金流向闭环;贷款慢是因为银行的评估和审批等程序复杂,工作效率较低;贷款贵是因为多数中小企业贷款信用比较低,无论是向社会金融机构还是向各大银行贷款,利息都相对较高。那么,CIP模式能否破解融资贷款难题呢?

数据集贷模式是CIP平台运用交易数据解决上线企业链供融资难题的一种贷款方式,简称数据融资。这里的"数据"是指上线企业回流到结算银行的交易资金,交易数据充当了预设抵押物或者质押物的作用。它的主要原理是:按照供应链金融的思想,结算银行根据下游企业与中游企业的订单为中游企业贷款,贷款资金由结算银行直接发放至上流企业,用于购买上游企业的产品,中游企业销售给下游企业的回笼资金进入平台在结算银行的账户,由结算银行管控销售回笼资金,形成贷款资金流向闭环。这里有两个要点,即贷出资金定向使用和销售资金定向回流,由贷款企业委托结算银行直接操作(数据融资闭环图见图2.1)。从图中不难看出,核心企业、结算银行、一级配套之间形成了资金闭环。

为了预防贷款风险,消化不良贷款,由CIP平台所有贷款企业贷前缴纳少量现金集中存入贷款银行,单个贷款企业的存入本金和所有贷款企业存入现金的存款利息(理财收益)之和形成的风险保障资金池,作为不良贷款的风险冲抵资金。当然,信用很好的贷款主体,也可以不存入风险保障资金。数据集贷的"集",既有集中存款建立风险池的含义,也有银行集中向上线企业贷款的含义。

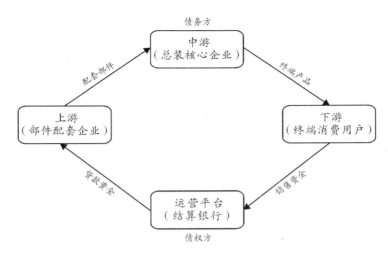

图 2.1 数据融资闭环图

解决 CIP 平台中游企业融资贷款风险,必须具备以下几个条件。第一,结算银行必须同意。结算银行应该认同真实的交易数据是一种融资信用,交易数据可以充当预设抵押物或者质押物,作为确认贷款的基本条件。当然,交易数据需要大约 6 个月的观察期限,或者数据金融公司的信用评估。第二,贷款资金必须回流。结算银行向中游企业的贷款,由中游企业承担债务,并委托银行将贷款支付给上游供货企业,中流企业的产品销售回笼资金必须流向结算银行,形成贷款资金流向闭环。这里的贷款资金,犹如在环形高速公路上行驶的汽车,只要环形公路上没有其他出口,跑出去的汽车终究还会回到进口位置。第三,供应链聚应成体系。数据集贷模式涉上中下游三类企业,这三类企业必须形成线上供应链聚体系,组成一个由多个主体构成的交易链系统,为形成资金流向闭环创造条件。第四,风险防范应有保障。为了防止中游企业的销售回笼资金移位,避免贷款资金不能形成闭环的情况,中游企业应该通过平台向银行存入贷款金额 1/3 的现金作为风险保障金，风险保障金也可以从前期的交易回流资金中由银行直接锁定。所有需要贷款的中游企业现金集中存入银行后，产生的利息或者理财收益之和，不归中游企业所有，而是用于冲抵不良债务。总之，所谓数据集贷，就是 CIP 平台的上线企业，以供应链聚体系为基础，以真实交易数据为信用，以资金流向闭环为前提，以现金存款利息为保障，银行向中游企业提供贷款的一种产业互联网供应链金融服务模式。数据集贷模式可以解决以下几种情形的贷款问题。

第一种情形，用于解决链供企业的三角债务问题。通常情况下，三角债务首先由下游核心企业发起，然后向上游配套企业延伸。因为核心企业往往处于主导地位，具有支配市场资源的足够能力，处于被动地位的配套企业，为了获得配套业务，也只能委曲求全，接受核心企业延期付款的条件。比如：汽车产业延期付款的时间一般为 6—18 个月，摩托产业为 4—6 个月。核心企业这一做法是为了减轻自身资金压力，此时核心企业与上游企业的这一产品交易过程已经具备了金融属性。数据集贷有一种特殊情况，可以不存入风险保障资金。比如，按照数据集贷原理，供应链聚体系可以依托核心企业规模大、信用好的优势向银行贷款，由核心企业承担债务，配套企业支付贷款利息，这样上游企业虽然支付了贷款利息但是获得了现金，核心企业虽然承担了债务但是不用向银行缴纳现金作为风险保障，双方皆大欢喜，而且解决了核心企业这个三角债务根源问题，整个供应链体系的三角债务问题都可能解决，全链都皆大欢喜，为核心企业赢得了市场信用。

　　第二种情形,用于解决中游企业的采购资金短缺问题。在供应链金融实践中,有些产业很难找到符合银行要求的"核心企业",遇到此类情形时,可以完全按照数据集贷模式进行操作。第二种情形与第一种情形的区别在于,第二种情形要求所有需要贷款的企业,向贷款银行缴纳少量的风险保障资金。如果某个企业出现不良贷款,那么这一企业的风险保障本金和其他企业风险保障金产生的利息收益之和,作为不良贷款的冲抵资金。举例说明:假如一个供应链聚体系集成了 A、B、C、D、E 五个供应链节,E 企业需要向银行贷款购买 D 企业的产品,银行受 E 企业的委托将贷款资金支付给 D 企业,E 企业承担债务,D 企业承担利息,D 企业将产品发送到 E 企业,E 企业的销售资金回笼至银行监管的平台账户,这样就完成了一个贷款资金流向闭环。问题是,如果 E 企业的销售资金因为某种原因,没有回流至平台,就不能形成贷款资金流向闭环,此时 E 企业需要向银行缴纳风险保障资金。当 D 企业购买 C 企业的产品、C 企业购买 B 企业的产品、B 企业购买 A 企业的产品需要贷款资金时,D、C、B 都需要向银行缴纳风险保障资金,当然也可以借助 E 企业的贷款,由 D 向 C、C 向 B、B 向 A 支付银行承兑汇票。由于 CIP 平台是由同一产业的多个供应链聚体系组成,众多链供体系的众多 ABCDE 企业都可能向银行缴纳风险保障资金,吸纳的风险保障资金越多,银行的贷款风险越小。

　　第三种情形,用于解决终端店铺的铺货资金。第三种情形与第二种情形的区别主要有两点:首先,终端店铺分布较广,数量较多,贷款金额较小,而中游企业则恰恰相反,它们比较集中,数量较少,贷款金额较大。其次,终端店铺的回流资金是消费用户通过扫码方式支付,销售资金可以直接回流银行监管的平台。如果终端店铺不用扫码方式支付,销售资金照样可能移位,此时同样采用第二种情形的方式,完全按照数据集贷模式操作,由终端店铺缴纳少量风险保障资金。

第六节　产业集析模式

CIP 平台有两类数据,一类是供应链聚小数据,一个是平台产业大数据。供应链聚数据,可以分析判断供应链体系内上游配套企业和下游销售企业的数据,用于制定采购和生产计划,判断产品销售情况和用户市场反应,但是无法掌握整个产业的发展趋势、市场布局、区域特点等大数据,也无法比较分析不同供应链体系的不同特点和差异。在这种情况下,只有大小两类数据综合分析,才能得出正确的结论。所谓产业集析模式,就是集中分析整个产业平台和不同链聚体系的数据,用于引领行业发展的模式。

产业集析模式,有三个意义:首先,可以指导产业发展。一些具有行业指导意义的产业大数据,平台可以及时发布,满足企业掌握产业发展方向的需要。其次,可以帮助企业决策。一些具有帮助核心企业决策的链供大数据,可以由运营平台或者核心企业经过数据分析后,在链供体系内发布。第三,可以实现平台赢利。一些通过市场调查和综合分析获得、用于市场开发、具有较高商业价值的数据,平台可以通过收取会员年费、公开竞标等方式卖给企业。

这正是大数据的意义。真正的大数据在产业互联 CIP 平台,没有平台支撑的"大数据"公司,存在许多尴尬。其一,没有数据来源。平台公司具有掌握原始数据的主动权,而"大数据"公司,即使通过技术手段能够获取数据,也存在数据来源不合法的风险。其二,不能专业分析。平台是产业的专家,他们每天都在接触企业和研究产业,非常清楚企业需要什么,产业缺少什么,把产业交易数据变成具有商业价值的企业决策数据非常容易。其三,数据价值不高。"大数据"公司的优势在于,可以集合不同产业、不同部门的数据,问题是不同产业的数据对产业本身的意义并不大,食品产业的数据对服装产业有多大意义呢?

第七节 资金集存模式

如果把资金当成一种商品,那么,银行的业务就是卖钱和买钱,银行买卖的是资金。银行总是希望获得大量的存款,从而提高放贷能力。为了获得大量存款,银行对存款大户可以签订协议存款合同,协议存款的利息远远大于普通活期存款。

所谓资金集存模式,就是将平台自身收入和企业交易资金都存入平台的资金账户,在平台资金账户项下为每个企业建立一个业务账户,从而实现资金集中存储,获得银行高额存款利息的模式。根据平台与银行的协议,只要关联企业的资金经过平台项下的业务账户,企业资金就可以享受平台与银行约定的协议存款利息。平台的协议存款利息与企业的存款利息差距较大,假定平台与银行已经谈成的协议存款利率为 1.97%,企业活期存款利率为 3‰,平台存款利息可以达到企业活期存款利息的 6.6 倍以上。除了高额存款利息回报,长期存留的资金还可以购买银行的理财产品,理财产品的利息将超过 6%,这样平台理财收益可以达到企业活期存款利息的 20 倍以上。资金集存模式给企业带来的超值收益显而易见。

这里必须从法理上分清,哪些资金权属归平台,哪些资金权属归企业。链供交易、产品销售、消费众筹、招标服务、物流交易、数据交易、广告服务、管理咨询、年费收益等九种行为都会产生存量资金。无论是平台还是企业的存量资金,都经过了平台的账户。其中,广告服务、数据交易、管理咨询、运营年费四种情形是企业直接向平台买单的资金,没有第三方介入,因此交易资金的权属归平台,这个不难理解。但是,产品销售、消费众筹、招标服务、物流服务、链供交易五种情形发生的存量资金,由于需要买卖双方和平台共同介入才能实现,平台只是服务买卖双方的中介,买方的资金主要支付给卖方,这种情形下存量资金的权属究竟归企业,还是归平台呢?这个问题需要具体问题具体分析,只有分析清楚之后,才能确认存量资金的利息是分享还是独享。

第一,销售产品货款资金权属归平台。根据平台集市模式的规则,平台是品牌企业的代理商,消费者向平台购买产品,应该将购买产品的资金支付到平台的账户,平台应该进行监督,直到消费用户签收产品后平台才能按规则支配这笔资金。由于消费者交纳的是"定金"或者"货款",不是"保证金"或者"预付金",所以这笔资金的权属归平台所有,资金存留期间的全部利息也自然归平台。当然这个"货款"的概念是预付货款的意思,但是目前全国所有电商平台面对消费者的商业交易规则是,由于消费者预付货款产生的利息几乎可以忽略不计,所以预付货款都没有给消费者计算利息。

第二,消费众筹货款资金权属归平台。消费者将购买定金汇入平台帐户后,应该按照众筹公开协议,由平台进行资金监管,产品出厂之后平台才支付品牌厂商的资金,资金存留期间将产生利息。由于平台是品牌企业的经销总代,所以操作消费众筹时,可以按照平台主办、品牌企业协办的方式进行,这与销售产品货款利息处理方法完全一样,存留资金全部利息归平台所有。需要说明的是,在实际工作中可能出现另一种情况,那就是由品牌企业主办、平台公司协办。如果这样,众筹资金的权属就归品牌企业所有,平台公司只能分享增值利息。两者的区别在于,谁主办谁承担主要法律责任,谁主办存量资金权属归谁所有。但是,无论谁主办资金都必须通过平台监管使用,无论谁主办双方都必须精诚合作。至于法律风险主要在于,资金使用、产品质量和交货时间,这三点平台在与品牌企业沟通中应该高度关注,力求避免。事实上,如果出现法律风险,平台也会承担次要法律责任,而且平台处理遗留问题的主导权减弱,一旦企业挪用了众筹资金而又出现产品质量和交货时间问题,反而不利于问题的解决。综上所述,应该采取平台主办方式。

第三,招标保证金的权属归平台。招标采购存在两类资金,即诚信保证金和产品交易资金。产品交易资金属于链供交易的研究范畴,具体分析细见"链供交易"资金权属问题,这里只讨论保证金权属。招标时应由投标企业向平台交纳诚信保证金,开标后诚信保证金应该退还没有中标的投标企业,退还之前会产生利息。从理论上说,这个资金和利息的权属应归投标企业。但是,考虑到资金额度较小、存留时间较短、发生频率较低等因素,借用工程招标的经验,一般不计利息,最多只计银行存款基准利率,可以将这类资金产生的全部利息归平台所有。

第四,物流交易的资金权属归企业。物流交易的资金有 AB 两种类型,A 类是收货企业(或者发货企业)向物流企业支付的物流服务费用,B 类是通过互联网物流平台接单,由接单物流企业向互联网物流平台支付的中介服务费用。AB 两种类型都可能存在存量资金,A 类存量资金的权属归物流企业,B 类存量资金的权属归平台。但是,他们的账户同样是在平台账户的项下,也就是资金都会流向平台内的企业账户。A 类存量资金的分析处理方法等同链供企业,即资金权属归企业。B 类平台的物流中介服务费用可以由平台运营公司和物流公司共同分享,因为平台为物流公司提供了交易资源。

第五,链供交易的资金权属归企业。一般情况,非标配件链供交易,往往双方已经签订长期合作协议,这种交易关系相对固定;标准配件链供交易,往往是通过招标确定双方交易关系,这种交易关系往往不会固定。由于链供交易企业之间联系紧密、规则较多,平台很难在短期内破解他们之间的交易默契,他们之间的支付方式只有通过交易生态的建设逐步破解。交易生态主要依靠三种方式形成,即供应链金融生态、存款高额利息生态和贷款低额利息生态,通过这三个生态的建设,引导链供企业逐渐适应平台的交易环境。为了给链供交易创造交易条件,链供交易时平台项下会给每个企业开一个资金账户,企业为了解决三角债,实现数据信用融资,加之平台高额利息回报的政策,买方支付给卖方的资金往往会有意无意地存留在平台企业账户中。这种情形下,交易资金权属归企业所有,此时产生的高额利息平台只能与企业分享,不能独享。由于链供交易是平台最大的一类交易资金,所以平台应该千方百计推进链供交易生态的形成,让企业自觉自愿地上线交易。

综上所述,以上产品销售货款、消费众筹货款、招标保证金三种资金的权属归平台,链供交易和物流交易的资金权属归企业。总之,九种交易行为中,只有链供交易和物流交易两种情形资金权属归企业。权属归平台的资金利息由平台独享,权属归企业的资金利息由平台分享。我们将"资金权属归企业,增值利息共分享"的资金定义为"利息增值分享资金"。利息增值分享资金是指买方支付给卖方并通过平台交易通道的监管资金。其中,B类物流交易资金及利息由物流公司独享后平台按照比例分享。

那么,平台怎样分享资金权属归企业的高额利息呢?这种基于平台的资源优势带给企业超额的利息回报,平台应该从超额增值存款利息中分享部分增值收益,这种利息增值收益可以称为平台"增值服务费"。平台增值服务费可以按照利息增值部分的40%收取,计算公式为:增值服务费＝企业存量金额×(平台协议存款利率－企业活期存款利率)×40%。假定企业的存量资金为100万,则增值服务费为:[100×(1.97%－3‰)×40%]。也就是说,如果存量资金有100万,则平台分享的利息增值服务费就有0.668万,存量资金10亿,则增值服务费为668万。那么,平台分配增值利息的比例是否合理呢?从增值利息角度看,平台分享增值利息40%,企业分享增值利息60%。从利息总额角度看,平台分享利息总额的33.9%{[(1.97%－3‰)×40%]÷1.97%},企业分享利息总额66.1%[(1.97%－3‰)×60%＋3‰]÷1.97%。从利率分配角度看,平台分享利率0.67%{1.97%－[(1.97%－3‰)×60%＋3‰]},企业分享利率1.3%{1.97%－[(1.97%－3‰)×40%]},也就是说,企业资金借道平台后享受了4.3倍(1.3%÷3‰)企业正常活期存款利息,而平台在没有注入资金的情况下享受了企业存量资金2.2倍(0.67%÷3‰)的正常活期存款利息。这三个比例都是企业利益大于平台利益,是一个说服力较强的利益分享方案。这里需要说明的是,平台分享部分(0.67%)可以叫"增值服务费",而企业分享部分(1.3%)可以叫"增值奖励金"。"增值服务费"的含义是,平台没有出钱,反而获取了增值收益。"增值奖励金"的含意是,只有企业上线交易,平台才会奖励企业。

第八节　物流集配模式

所谓物流集配模式,就是为了保障信息对称,将货物、车辆、司机、线路、仓库、资金六大物流要素都集中到物流资源互联平台,促进物流要素按照市场原则进行资源配置,从而降低物流成本的一种模式。目前,中国的物流企业太小、太多,物流资源分散,结果造成返空和零担现象突出。根据福佑卡车物流资源互联平台的经验,物流集配模式可以降低物流成本 15% 左右,假定物流成本占产品(比如摩托)交易价值的 4.5%,这样可以降低企业成本 6.8‰(15% × 4.5%)。

第九节　技术集研模式

所谓技术集研模式,就是集中行业技术研发力量,采取技术众包、创意招标、技术转让等形式,实现企业快速获得技术、降低研发成本的一种模式。目前,大多数品牌企业和少部分配套企业都建立了产品技术研发团队,导致技术研发人员高度分散,技术资源无法整合,行业整体研发水平没有得到有效发挥,同时企业研发能力减弱,研发周期太长,研发成果较少,规模效益较差。技术集研模式则集聚了产业领域的专业研究机构和企业专业技术人才,企业可以通过多种形式获得技术资源或者开展技术合作,最大限度利用了优秀人才的闲置时间,最大限度发挥了闲置技术的实践运用,最大限度地节约了生产企业的研发成本。初步估计,采取技术集研模式,可以降低企业研发成本 50%,而企业研发成本大约占交易价值的 2%,这样可以降低企业成本 1%(50%×2%)。

第十节　先销后产模式

所谓先销后产模式,顾名思义就是先交钱后生产的模式。先销后产模式可以减少企业库存,减少占用资金,降低财务成本。如果企业交易金额为 A,资金使用成本按照 6%(商业银行贷款利率),资金存储利率按照 1.97%(平台协议存款利率),传统模式下游企业延期 3 个月向上游企业付款,那么,先销后产模式可以节省财务成本 $1.97\%\{A[1+(3\div12\times6\%)]-A[1-(3\div12\times1.97\%)]\}\div A[1+(3\div12\times6\%)]$。消费众筹模式只是先销后产模式的一种表现形式,可以把消费众筹理解为一个新品上市推广活动,或者等同于新品上市的新闻发布会。但是,先销后产模式必须有效解决提货时限、用户体验和物流成本三个难题。关于提货时间问题,平台应该与品牌厂商共同努力,改造工厂生产流程,控制在消费用户交款 5 个工作日内送达,最多不能超过 7 个工作日。关于用户体验问题,对于没有上市的新品,可以通过低价众筹吸引部分消费用户;对于已经上市的产品,终端经销可以根据前期销量分析,提前预备少量产品进行展示。关于物流成本问题,鉴于消费用户在提货区域和提货时间上都比较分散,可能造成零担和返空现象增多,为此可以充分利用物流平台的资源匹配优势,快速有效地配置物流资源,尽量避免增加物流成本的情况。

第十一节　生态共赢模式

所谓生态共赢模式,就是平台在软件系统开发和发展模式设计时,按照开放、参与、互利原则建设,由上线企业共同形成发展生态的模式。生态共赢模式主要表现在以下几个方面。

第一,产业集聚生态。"纵向全链打通、横向产业集聚"是产业互联 CIP 平台的一个重要优势。只有充分集聚,才能显示产业互联平台的强大优势。集聚才能实施集合采购,集聚才能组织网络研发,集聚才能实现平台集销,集聚才能进行数据分析,集聚才能推动协议存款。总之,集聚才能实现利益共享。纵向集聚的龙头是品牌企业,上游是链供配套和研发设计企业,下游是经销代理企业。链供配套企业不仅包括品牌企业的上游企业,还包括品牌配套上游企业的多级上游企业。横向集聚的基础是规模效应,品牌链供企业越多,横向粘附能力越强。横向集聚既包括品牌企业,也包括法律、税务、财务、会计、管理等中介服务机构。平台集市和终端集销是众多品牌的集合,这是产业集聚在经销领域的具体表现。

第二,应用粘连生态。企业集聚平台之后,会不会快速离散呢？应用粘连策略的要点就是形成企业自觉上线交易的生态环境，用市场力量培养用户的使用习惯，实现高度粘连的目标。企业习惯上线交易，不仅可以降低重复营销成本，增加上线企业黏度；还可以形成口碑传播效应，扩大交易规模和提升赢利能力。应用粘连策略主要体现在四个方面。

首先，免费赠送软件系统。企业购买 ERP 资源管理系统，一般应该支付 300 万－1000 万的软件开发费用，而产业互联 CIP 平台面向链供用户和经销用户开发的 IERP 网络资源管理系统，不仅可以适应互联网背景下的资源管理需要，而且可以实行免交开发费用的政策。这套系统可以实现上游和下游的互联交易，尝到甜头的下游企业为了自身的利益，往往会积极主动地督促上游企业上线交易，形成病毒式口碑传播效应。企业可能会担心资金安全和信息保密问题，实际上每个企业都有一套独立的 IERP 系统，进入系统需要密码验证，资金账户开设由结算银行监管，除了企业自身，平台无权也没有必要进入企业的管理系统。

其次，交易获得高额回报。在高额存款利息方面，基于平台资源整合带来的存款规模效益，企业存款利息是传统交易模式的 6.6 倍以上。也就是说只要平台项下企业账户形成的存量资金，都会享受高额的存款利息回报。在低额贷款利息方面，由于下游企业（个人）购买上游企业产品（配件）的交易资金必须通过结算银行，银行通过交易数据可以精准地分析下游企业资金回笼情况，下游企业获得了优良信用，而且基于平台整合带来的贷款规模效益，银行应该以更低的贷款利息、更快的放款速度和更少的贷款条件向下游企业贷款,并且按照供应链金融的思想由上游企业支付利息。一般贷款利息可以达到银行基准利率,即使上浮,上浮比例也可控制在 20％以内。当然,需要银行制定标准的贷款协议,确定贷款利率和双方权力、义务。无论是高息存款,还是低息贷款,都可以使企业在利益驱动下主动上线交易。

再次,实施信用积分管理。所谓信用积分管理,是一种记录分析企业长期信用和信用变化的一种制度,主要记录企业的交易规模、交易增幅、资产现状、借款金额、还款时间、不良记录、社会信誉等情况。其中,交易规模和交易增幅是正向评价,用来衡量还款能力,定量确定贷款规模。核定贷款规模的计算方法是:贷款规模＝前半年平均月交易量×(1＋前半年平均月交易量增幅)×贷款规模风控系数(一般为 70％)。资产现状、借款金额、还款时间、不良记录、社会信用是负向评价,用来衡量信用,定性确定是否贷款和贷款时间。根据信用积分管理制度的要求不难看出,赢得贷款规模的关键是交易规模,这是企业应该积极上线交易的重要理由,也是信用积分制度的核心要义。

第三,共建共赢生态。共建共赢生态,是指平台建成优良的产业发展生态之后,其他工作由平台运营公司和上线交易企业共同完成,最终实现共建、共赢、共创的发展生态。

首先,在共建方面:平台需要完成的工作包括制定规则、开发软件、引进企业、资源整合、设计模式、争取政策、优化服务等,企业需要完成的工作包括品类目录(SKU)的创建、上游企业的引进、平台规则的响应、模块数据的录入、关联圈层的互动、企业资料的上传等。

其次,在共赢方面:品牌企业可以提升销售利润、扩大产品销量,链供企业可以降低生产成本、实现高效融资,终端代理可以提高销售收入、减轻支付压力,消费用户可以购买低价产品、实现个性定制,中介公司可以寻找业务机会、减少拓展费用。

其三,在共创方面:平台按照大众创业的思路,用统一的发展模式、运行软件和操作规则,用公开招聘创业伙伴的方式选择合作对象,辅导终端经销创业致富,创业成功的几率将大幅提升,探索了一条依靠市场力量推动大众创业的模式。

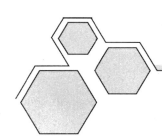

第三章

思维方式

　　思维方式反应思维高度、角度和深度。高度代表格局大小，角度代表创新意识，深度代表操作细节。本章根据产业互联 CIP 模式，提出了七种代表性的思维方式，包括开放思维、用户思维、整合思维、扁平思维、产业思维、智能思维和独大思维。这些思维方式与消费互联网和实体企业家的思维相比，既有相似之处，也有不同特点，无论对平台公司还是实体企业都至关重要，是我们应该具备的基本素养，这是解决企业"一高九难"问题的思维基点。

　　CIP 是实体产业与互联网高度融合的产物，仅有产业思维行不通，仅有互联网思维也行不通。那么，两者融合之后，究竟是互联网＋，还是＋互联网呢？这是两种不同的认识。如果是互联网＋，就是在互联网的基因上加产业；如果是＋互联网，就是在产业的基因上加互联网。这两个顺序的意义大不一样。互联网＋产业，意味着产业应该更多的适应互联网的运行规则，互联网就像一条高速公路，任何汽车都应该按照高速公路的规则行驶。产业＋互联网，意味着互联网应该更多地适应产业的运行规则，甚至可以直接把产业运行规则搬上互联网。其实，CIP 的基本思维方式是融合创新，这种创新的出发点就是解决产业发展难题，既要沿袭产业过去的规则，又要颠覆产业过去的规则，关键在于过去的规则是否合理。目前，产业发展之所以存在很多难题，是因为传统的产业思路无法解决现实问题，而互联网则是当前解决这些问题的最佳路径。没有互联网思维，即使产业加上互联网，产业的问题依然不能解决。因此,我们认为,互联网＋可以更好嫁接互联网思维,更加具有战略眼光、创新精神和现实意义,互联网＋的提法更加科学。那么,互联网＋产业应该建立怎样的思维方式呢?值得说明的是,这里之所以使用"互联思维",而不是"互联网思维",是因为互联思维既包括互联网,也包括物联网,还包括车联网,它们都具有"互联"的特性。

第一节　开放思维

开放思维是一个老话题,也是一个新话题。说是个老话题,是因为我们都生活在开放的时代,都正在经历国家改革开放和创新发展的过程。说是个新话题,是因为虽然人们已经用开放的心态熟悉了消费互联网,但是面对正在到来的产业互联网,我们还能保持开放的心态吗?消费互联网的主要用户是消费者,交易金额很小、个人决策简单,而产业互联网的用户不仅有消费者,还有生产企业,企业的交易金额较大、决策过程复杂。企业家们都希望拥抱产业互联网,但是真正走到产业互联网的门口,又不知所措,因为他们在希望产业互联网带来利益的同时,又在怀疑产业互联网的优势。无论产业互联网多么优越,其毕竟是个新话题,企业家们有个认知和体验的过程。究竟是一座金山,还是一条猛兽,有些企业家在徘徊,有些企业家在选择,也有些企业家在实践。作为企业家,我们应该以怎样开放的心态面对产业互联网呢?面对产业互联网,实体企业家首先必须要懂它,只有看懂了才谈得上怎样面对。至于消费者,我们大可不必担心他们的开放程度,因为他们很快就会认识到,产业互联网可以实现个性定制、可以降低消费价格、可以防止假冒伪劣、可以进行产品直购,这些利益自然会敲开他们封闭的心。

改革开放近四十年的经验告诉我们,走在改革开放前面的人,总是那些有远见、有胸怀、有胆识的开拓者;今天受人尊重和嫉妒的人,总是那些追逐时代浪潮随波前行的人。在互联网时代,技术变革的力量把创新开放的热浪推到了时代的最前沿,把创新开放的成果送到了我们的家门口。我们应该意识到,时代背景在变,人口结构在变,消费观念在变,产业形态在变,发展模式也在变,在这个世界上唯一没有变化的就是变化。马克思主义认为,静止是相对的,变化是绝对的,开放是适应时代变化的最好心态。

心态开放,就要实事求是。中国共产党的思想精髓就是实事求是,这是被中国革命和建设反复证明了的真理,这是被成功和失败的企业家们反复验证了的法宝。毛泽东正是用务实的精神和开放的思路,提出了"农村包围城市""把支部建在连上""枪杆子里面出政权""建立红色根据地""游击战术十六字方针""人民战争"等一系列符合中国国情的战略思想,摆脱了苏联革命经验的束缚,才赢得了中国革命的胜利。我们应该正视产业发展的问题,应该正视企业面对的困难,应该正视我们对产业互联网的一知半解,应该正视我们没有勇气做出正确选择的事实。但是,告别成功的过去十分痛苦,因为过去的经验已经绑架了我们,过去的思想已经囚禁了我们。今天，我们要用自己的力量冲出思维的牢笼，这本身就是一个值得今后回忆的成长事件。英雄与圣贤的区别在于，英雄战胜的是别人，而圣贤战胜的是自己，战胜自己往往比战胜别人还难。大成功的人常常是战胜自己的人。实事求是要求必须解放思想，改革开放的前提就是解放思想。思想的束缚和经验的约束，将使我们永远浸泡在困境的泥潭。相反，走出传统观念，走出经验主义，我们登高眺望，就会发现产业互联网的曙光，这轮曙光将引导企业走向光明。

心态开放，就要学习研究。我们之所以不敢吃螃蟹，是因为我们只知道螃蟹好吃，却不知道怎样吃最安全。我们之所以不敢担当，是因为我们只看到了担当的风险，却没有足够的专业知识找到控制风险的途径。我们之所以不敢加入产业互联网，是因为我们并不了解产业互联网。学习知识和思考问题是心态开放的第一步。只有通过学习，懂得产业互联网的运行规律、赢利方式、风险防范，我们才可能真正地开放心态。不学习研究，我们就是井底的青蛙，看到头上的那圈天空，觉得这就是世界的大小，当有人告诉我们天空其实很大时，你却理直气壮地指责别人是骗子，难道这不可笑吗？不学习研究，你就只能停留在过去的世界，把曾经的荣耀当饭吃，当别人坐上飞机的时候，我们却骑着"洋马儿"（自行车）与别人赛跑，当别人登上山顶放眼秀丽山川的时候，我们却深陷山底的沼泽苦苦挣扎，难道这不痛苦吗？"书中自有黄金屋"，学习能力已经成为评价企业家素质的首要指标。历朝历代，古今中外，大凡走在时代前列的人，引领社会方向的人，赢得巨大收益的人，都是心态开放、求真务实、善于思考的人。可以认为：企业家的格局由接纳知识的胸怀来衡量。心里能装多少知识，就有多大的世界，能装多大的世界，就可能成就多大的企业。其实，开放很简单，那就是：追求真理，放弃过去，不破不立，以新换旧。没有新知识，哪有新思想，没有新思想，哪有新未来？

心态开放，就要适应网络。据 Visa 发布的《2015 电子商务消费者行为调查》显示，77％的中国购物者使用智能手机浏览网购信息，并有 68％的人使用手机购物。值得注意的是，消费互联网的发展还不到 20 年。谁能否定，20 年后的中国产业互联网，不会像今天的消费互联网一样火爆呢？作为实体企业，早一天加入产业互联网，就多一天收益，多一些机会。产业互联网的潮流是无人能够改变的，当我们不能改变现实的时候，就融入现实，这正是"识时务者为俊杰"。乾隆皇帝在 1793 年见到榴弹炮时，如果能够开放接纳，也许就不会出现 49 年后的鸦片战争，至少中国不会输得那么凄惨。产业互联网是个新事物，这个新事物是由一套新理念、新模式、新方法和新工具共同构成的新规则，它既有实体企业的基因，也有产业共同的规律，还有网络平台的特色，是一种既符合产业现状又高于产业现状的融合体，离开传统规则行不通，照搬传统规则也行不通。这就要求企业家必须适应新规则，运营方必须培训新规则，企业家不要随意拒绝新规则，运营方也不能随意开发新规则。这些新规则，应该符合共赢、高效、简单、安全四项原则，新规则必须带来新价值，新价值必须产生新收益。

心态开放，就要突破传统。开放是市场经济的重要特征，理想的市场经济要求充分竞争,由消费者用货币投票,选出符合市场需要的产品和企业。产业互联网为企业开放提供了便利,必将促进市场经济的日趋成熟。作为上线企业,应该突破传统观念,按照互联网＋而不是＋互联网的思路参与产业互联网。许多企业自建交易平台的做法,虽然也参与了产业互联网,但是这不是一种开放的行为,而是一种貌似开放实则保守的心态。产业互联 CIP 发展模式,才是产业互联网的正确选择。突破传统就要革新自我,否定自我,完善自我,这是一个痛苦的过程,也是一个幸福的过程。痛苦来源于否定过去的经验,幸福来源于痛苦之后的收益。

第二节　用户思维

用户思维就是站在用户需求的角度思考问题。美国著名经济学家舒尔茨说过:任何制度都是对需求的响应。用户思维不仅是一种重要的互联思维方式,也是一种重要的传统思维方式。用户思维不是什么新鲜事儿,古今中外都有。在原始社会,人们就开始使用以物易物的交易方式,一只羊换把石斧,交易双方都进行了换位思考,具备了用户思维。那么,在网络时代,为什么要强调用户思维呢?

主要原因是在网络时代,用户和客户具有较大区别。用户是使用产品的人,客户是购买产品的人。在传统思维中,绝大多数情形下,购买产品的人,也是使用产品的人,用户与客户具有一致性。

礼品是一种特殊商品,同时具有用户使用和客户购买的双重特性。在传统思维中,用户和客户一致是原则,不一致是例外。在网络环境中,客户和用户完全不同,给网络平台付费的是网商客户,免费使用网络的是网民用户,当然网商也是网民的组成部分。也就是说,在网络环境中,用户与客户往往不一致,不一致是原则,一致是例外。

这就是互联时代要强调用户思维的原因。中国的网络用户已经超过 7 亿,这是网络平台得罪不起的一个庞大群体。每个用户都有一双眼睛和一个钱包,每双眼睛和每个钱包都是一种资源,正是如此,才有人将电商叫作眼球经济。由此可见,用户思维非常重要。在网络时代,网民比网商重要,用户比客户重要,屌丝比精英重要。因为互联网的发展历程是:先有网民用户后有网商客户,先有屌丝用户后有精英用户。没有网民用户这个巨大的市场,网店开给谁?

互联网领域有句名言:"羊毛出在猪身上狗买单"。这句话的实质是,买单的不是互联网用户,而是互联网客户,也就是用户免费模式。"没有免费的午餐"这句话,已经被互联网彻底颠覆。传统企业很难接受免费模式,因为他们的思维是"羊毛出在羊身上",点对点赚钱,不赚用户的钱又怎样生存呢?互联网平台企业不是慈善家,照样要赚钱,只不过赚钱的对象不是用户而是客户。当然,这些客户是获取高额价值的少数用户。那么,互联网的买单客户是谁呢?首先,经销网商是客户。经销商要在平台上开个网店,对不起,你得交服务费。有的叫年费,有的叫会费,有的叫交易服务费。不管叫什么费，反正要交费。不然，网络平台为什么准许你分享海量的用户资源呢？实际上，网络平台就是一种营销渠道，渠道为王，使用渠道的人向拥有渠道的人交费，这是古今中外天经地义的道理。其次，广告商家是客户。传统模式的用户分散在不同的实体店面，而网络模式的用户集中在同一网络平台，一个网络平台就是一个宣传媒体，媒体就可以做广告，有广告就能赚钱，此时广告商就是客户。用户浏览的眼睛就是平台的钱包，有人把这叫作"流量思维"。这就是人人都在使用百度和微信，人人都没有付费的原因。相反，假如微信和百度采取用户收费模式，它们能够快速获得海量的用户吗？没有海量的用户，没有用户的眼睛，广告客户为什么要买单呢？广告客户买的就是用户好奇的眼睛。第三，结算银行是客户。传统模式是"一手交钱，一手交货"，现金和商品同时交换，也就是及时交易模式。而网络交易是"先交钱，后提货"，从交钱到交货有个时间差，也就是错时交易模式。网络平台可以利用错时交易的特点，通过存量资金与结算银行合作，按照协议存款或者购买保理等方式获取高额利润，资金的聚集为网络平台创造了赢利条件。此时网络平台充当了银行吸纳存款的角色。一个用户的小额资金在银行的短期存留，只能享受银行几乎可以忽略不计的活期利息，而网络平台海量的沉淀资金则可以享受银行长期大额存款或者理财的金融产品回报。第四，中介服务是客户。金融、物流、法律、会计、财税等平台中介服务企业都是客户。金融企业希望开展供应链金融业务，物流企业希望获得配送业务，律师事务所希望获得法律咨询业务。中介企业希望服务网络平台的用户,就必须与网络平台合作,否则网络平台没有理由将自己苦心获得的用户资源无偿奉献给中介企业。

综上所述,由于客户买了单,用户自然可以免费。免费模式还有一个重要秘密,那就是网络产品的边际成本几乎为零。网络平台产品因为网络用户的增加而增大的软件开发成本、平台运营成本和网络运维成本,可以忽略不计,用户越多边际成本越趋近于零。而传统产品的边际成本,由于产品生产需要配置厂房、设备、仓库、流动资金等要素,使得产品生产规模既不能太大,也不能太小,太大和太小都会增加企业的边际成本。边际成本超低,是网络产品的重要特征。

既然用户比客户重要,那么我们就应该更多地考虑用户利益。根据马斯洛的需求理论,需求就会产生动力。用户思维追求的目标是创造价值和满足体验。创造价值包括降低企业成本、扩大产品销量、增加额外利润、实现数据融资等。满足体验包括产品质量、配送效率、便利程度、品牌价值、个性定制、假冒防治、购物场景等方面的体验。便利满足了懒汉需求,品牌满足了虚荣心理,定制满足了个性张扬,低价满足了比价选择,这些都是用户思维。一句话,用户就是上帝,用户想到的需求我们应该满足,用户没有想到的需求我们应该主动创造条件,激发新的需求,制造意外惊喜。VR虚拟现实技术和订单视频跟踪技术,都可能给用户带来意外惊喜。

用户思维必须发现并破解用户的痛点问题和痒点问题。解决痛点问题是雪中送炭,解决痒点问题是锦上添花。雪中送炭比锦上添花更有价值，因为雪中送炭是刚性需求，锦上添花是柔性需求。京东模式在淘宝模式的基础上解决了两个痛点问题，即配送效率和假冒防治，这是一种典型的用户思维。用户思维的原则是哪里痛治哪里、哪儿痒抠哪儿。别人头皮痒就不要抠屁股，别人肚子饿就不要赠鲜花，别人发大财就不要给馒头。"一高九难"是企业最大的痛点和痒点问题，解决"一高九难"问题是产业互联网平台的核心竞争能力，是用户思维的根本出发点和落脚点。

CIP平台的用户包括生产用户、经销用户、消费用户和中介用户，他们都是平台的使用者。不同的用户产生不同的需求，不同的需求产生不同的动力。生产用户关注的是新品开发、数据融资和生产成本等问题，经销用户关注的是产品销量、占用资金和利润收入等问题，消费用户关注的是品牌影响、产品价格和质量保障等问题。CIP平台首先应该考虑的是，给用户带来什么价值，是效率的提高，还是成本的降低，或者是使用的便利？解决企业的痛点、痒点问题始终是我们思考的重点。

用户思维来源于市场调研，来源于统计数据，来源于分析判断。对用户的想法，我们不能主观判断，也不能跟着感觉走，应该遵守大数原则，用科学的市场调查和大量的统计数据进行分析判断，才能得出正确的结论。运营紧固件的CIP平台小螺帽公司，拥有全国最大的五金信息网站，他们在将信息网站转向交易网站的过程中，最初希望交易所有五金配件，调查分析中发现，紧固标准件的市场容量较大、紧固定制件的利润价值较高，而且紧固件是五金产品中最容易实现网上交易的产品，于是他们选择了以紧固件为突破口,在单点突破的基础上,再逐项深入。实践证明,他们的思路是正确的,市场调研发挥了重要作用。

第三节　整合思维

整合思维就是不同资源主体按照互利原则,实现集聚共赢的一种思维方式。在产业互联网背景下,整合思维是实现用户利益的基本条件。企业的发展无外乎两种思维方式,即对外资源整合和对内科学管理。企业的实质就是人才、市场、资金、技术等各种资源的有效组合,并通过管理最大限度地发挥资源的作用。请客喝酒、取悦客户、签约合作、融资贷款、招贤纳士、并购重组、广告营销、品牌塑造,甚至违法行贿,这些行为都是对外资源整合思维的具体表现。新品研发、技术创新、流程再造、成本控制、专利申请、智能管理、团队活动、企业决策,甚至思想工作,这些行为都是对内科学管理思维的具体表现。资源整合思维是借助外部资源发展企业,科学管理思维是依靠企业内部能力发展企业,两者缺一不可。可以认为,整合资源的能力是企业发展的关键能力。

整合的内容是资源。刘备桃园三结义,整合的是人才资源;毛泽东的人民战争思想,整合的是政治资源;国共两党第二次合作,整合的是抗日资源;企业引入股东,整合的是发展资源;滴滴优步牵手,整合的是市场资源;男人女人结婚,整合的是人类延续资源。古今中外,无论是政治、经济,还是社会、文化,人类的发展始终伴随着资源的有效整合与合理配置。运营保险业务的平台企业积福宝公司，其运营主旨是"买产品，送保险"，它需要整合大量的 CIP 平台、电商平台和实体企业，这是一个跨产业、跨形态的跨界整合模式，这个模式的特点是只与产品有关，而与产业无关，市场空间十分巨大。在中国，资源整合的潜力十分巨大，有人说过：中国的事情，再小的事儿乘以 14 亿，都是一件大事。

整合的原因是局限。整合现象的广泛存在，是因为任何个人、任何企业、任何区域都有局限性。局限的存在是整合的主要动力。互联网平台的股东结构往往由资本股东、人才股东、技术股东、战略股东组成，这个股东结构可以破解企业发展资源的局限。蒋介石和宋美龄之所以结合，是因为蒋介石有军队但是没有国际和资本资源，而宋美龄有国际和资本资源却没有军队，相互取长补短。经济学上有个木桶理论，也叫短板决定原理，讲的是一个木桶装水的容量，不是由最长的一块木板决定，而是由最短的一块木板决定。整合无外乎就是，借用别人的资源加长自己的短板，最终破解自身的局限。资金出现"局限"可以整合吗？融资是整合资金的一种形式。融资是将别人的钱借来自己用，将未来的钱挪到现在用，或者说融资就是将缺钱的人和有钱的人整合到一起，将现在有钱的人和未来有钱的人整合到一起。马云和孙正义之所以整合，因为马云缺钱但有好产品，而孙正义有钱但钱没好去处。

问题讨论：木桶理论有没有现实缺陷？

木桶理论强调，补齐短板才能发挥长板的作用，形成整体最佳效益,这无疑是正确的。但是,木桶理论没有回答,当短板补齐之后,新的长板怎么产生,企业的持续发展问题应该怎样解决呢?木桶理论也没有回答,随着社会分工的专业化和精细化,服务外包方式大量存在,在这种情形下,究竟是企业自己补齐短板,还是干脆取掉短板,将短板外包给专业公司呢?正因为木桶理论存在这些缺陷,我们认为,在互联网高度发达的今天,企业发展应该遵循"长箭决定是关键,短板决定是补充"的原则,暂且把它称为"长箭理论"。"长箭理论"包括以下几层含义:第一,企业首先要有长箭。"长箭"是个对应"短板"的形象说法,代表企业的某一专长,甚至独门绝活。长箭要求企业集中财力、人力在某个点位深度突破,而不是全面开花。这个点位可以是技术创新、品牌营销、生产工艺,也可以是管理模式。打铁还得自身硬,补短需要自身长。自身强大才是硬道理。第二,用自己的长箭整合别人的长箭。长箭是种优势资源,长箭越长,整合资源的能力越强。有创新产品就可以整合资金,有宽广渠道就可以整合产品,有产品创意就可以整合技术,有发展战略就可以整合人才。社会讲究圈层互动,企业讲究资源匹配,强强联手叫合作,一强一弱叫并购,双方都弱叫拼凑。第三,企业的短板不一定自身来补。企业不是由"板"组成,而应该由"箭"组成。"箭"是构成企业的关键要素,"板"是构成企业的资源要素。有了关键要素,其他要素可以外包。补药可以让别人去吃。这是社会分工精细化之后,企业的正确选择。手机品牌商不一定自己生产手机,他们只需要找个代工厂,贴上自己的标签就行。第四,保持长箭才能经久不衰。企业的发展是个动态过程,今天的长箭可能就是明天的短板，企业应该集中精力在深度创新上保持优势。即使你只生产小螺帽，你也能成为全球的螺帽大王，你就是商界英雄。人胖了就会产生许多疾病，企业也一样，宁愿做高个子，也不要做矮胖子。当然，这并不是说企业不能横向跨界发展，而是说横向跨界的前提是要保持自身健康，用溢出的资金等资源开拓新领域未尝不可。自己只能背100公斤的时候，不要背200公斤，要知道许多企业是被压死的。

整合的机理是共赢。商场有句格言：只有永恒的利益，没有永恒的朋友。共赢是整合的目的，整合是共赢的前提。资源整合的背后是利益分配，利益分配的原则是合作共赢。天下熙熙，皆为利来；天下攘攘，皆为利往。趋利避害是人的本能。仅仅实现产业的同网集聚，最多只能算个信息网络平台，那是远远不够的。实现同业之间的纵向链供交易和横向集采交易，才能体现网络平台的价值，只"聚"不"交"不是CIP的追求，"聚交"才是CIP的目标。实现"聚交"就应该创建共赢的利益机制，这些利益包括配件集中采购、技术集中研发、物流（要素）集中配置、平台集中销售、资金集中存储、数据集中分析、链供集中管理等等，这些都是实现"聚交"的商业机理和运行模式。以集中采购为例，按照团购原理，当CIP平台的上线企业，运用集采模式共同采购同一标准上游产品时，由于采购上游产品的数额较大，上游厂商就会降低售价，以薄利多销的心态参与招标，实现上游和下游共赢。当然，在制度设计上，应该充分论证上游厂商的承接能力、资金实力、技术水平、产品质量、生产效率、行业口碑等问题。整合思维就要克服人类自私的本性，树立"合作开放、搭伙发财"的观念，抠门到家的人做不了整合这件事儿。共赢就得考虑整合各方的商业利益，仅仅站在自身利益角度设计的商业模式毫无价值，除非你遇到了傻子，不过傻子总有不傻的时候。婚姻讲究"门当户对"，"门当户对"的实质就是资源匹配、联姻共赢。合作共赢是产业集聚的基础，没有合作共赢基础的企业就没有必要实现集聚。不要被迫猪和狗搞对象，因为它们之间没有共同利益，也没有整合基础。

问题讨论：怎样设计共赢整合机制？

挣钱难，分钱更难。共赢机制应该综合考虑，包括整合各方的贡献大小、资源性质、行业惯例、辛苦程度等因素。不看贡献大小，贡献大的就觉得吃亏；不看资源性质，掌握稀缺资源的人就缺乏动力；不看行业惯例，获利较少的就会心理不平衡；不看辛苦程度，就没人愿意付出，出现"三个和尚没水喝"的现象。CIP 企业神摩网"分蛋糕"的结果是：消费用户降低产品购买价格 15％，总装厂商提高利润 10.6％，配套厂商提高利润 8.6％，终端分销提高利润 10 倍以上，参与产业整合的各方增加收益，实现了共赢。这个利益分配比例是充分调查产业现状的结果。利益驱动、整合共赢是 CIP 模式的基本原则，1＋1＞2 是实现整合共赢的基本目标，1＋1＜2，不如不合作。CIP 的商业模式应该满足消费、总装、配套、分销四类用户的利益需要，形成用户利益驱动和生态发展共赢机制，避免运营推广难题，这就是共赢思维。

整合的工具是网络。在传统商业形态下，尽管整合思维随处可见，但是，由于信息不对称，造成大量的短板找不到匹配的资源。这就是传统商业形态进行资源整合的难题。而互联网的出现，为资源整合创造了便利条件。互联网的本质就是实现资源整合，互联网平台就是资源整合的工具。一个同事，买了一套新房，需要进行装修设计，他将房子结构图纸和装修基本要求发到猪八戒网，经过一番讨价还价后成交，他支付了 1000 元设计费用，这个费用只相当于设计公司收费的 1/3，而设计师利用的是工作之外的碎片时间。这个设计成本和整合效率，只能在互联网背景下才能实现。互联网让资源整合变得异常轻松，只要设计一个参与各方都能尝到甜头的商业模式即可实现整合。这个商业模式只需回答一个问题，那就是：企业为什么必须上线。CIP 正是回答这个问题的一种理论、模式和工具，它解决了信息获取缓慢、节约成本较少、判断市场失误、链供融资复杂、开拓市场困难等关键问题。

问题讨论：服装产业和食品产业可以实现网络集聚吗？

既可以，也不可以。在销售环节可以实现集聚，当服装和食品集聚到同一商城时，消费者可以节省购物时间，经销商可以共享消费人群，它们的共同利益是增大销量，这就是百货公司存在的合理性。在生产环节则不能实现集聚，因为生产服装和生产食品的过程没有利益关联，生产服装需要的是面料和纽扣等材料，生产食品需要的是肉品和辣椒等食材，既然没有利益关联，集聚有何价值，又怎样实现共赢？不过，同类产业的生产应该实现集聚，这样可以降低产业链的物流成本和提高产业链的配送效率,可以降低产业集群的交易成本和提高产业集群的地域价值,这就是工业园区存在的合理性。上海的汽车、重庆的电脑、深圳的手机、杭州的面料、遂宁门业等,这些生产工厂之所以能够集聚,就是这个道理。中国每个工业园区都有自己的产业定位,多数工业园区都会集聚三到五个产业。CIP强调的就是产业集群的网上集聚,重庆市已经有十余个CIP平台企业,平台上集聚了数十万个工业企业,他们将CIP平台叫作网上工业园区,是有道理的。本书的书名叫产业聚变,只要聚就会变。但是,不该聚的不要聚,聚在一起也没用。

第四节　扁平思维

有一个消息传递实验:一个队列中所有队员同向站立,队列倒数第一个人将一组数字写在倒数第二个人的背上,倒数第二个人将感受到的数字写在倒数第三个人的背上,以此类推,直到第一个人。实验结果是:同一组数据,队列人数越多,传递的数字越容易出错。如果把每个人均看成产业链的一个环节,则环节越多,信息传递的可靠性越低。如果产业链每个环节平均增加25%的成本,那么四个环节的成本会增加一倍。我们都不喜欢坐中转飞机,尽管中转飞机的速度并不慢,但是中转飞机在经停港会浪费大量时间。我们遇到难题,都喜欢找老大,因为"老大难,老大难,老大出马就不难"。老大的决策是最后的决策,跳过了中间决策环节。大约二十年以前,美军的指挥总部,可以直接指挥战场上每个士兵的军事动作,这是扁平思维的经典案例。相反,国有企业比民营企业效率低、大型企业比个体企业效率低的主要原因,就是中间环节太多。由此可以见,扁平思维很有价值。

扁平思维就是去掉中间环节的一种思维模式,扁平化的目的是高效传递信息和降低运行成本。四个直辖市直接管理区县的模式就是扁平化在行政体制中的运用,直辖市区县政府直接接受市政府的领导,减少了地级市这一层级,使得行政效率大幅提高,行政成本也大幅降低,这是直辖市发展速度较快的重要原因。浙江、四川等省直管县的试点,是国家行政管理扁平化的重要举措。管理学中有个漏斗现象,说的是在信息传递中,每增加一个层级就会漏失一些信息。所以,在企业管理和产品服务中应该尽量去掉供应链和销售链的中间环节。中国共产党非常注重调查研究,其目的就是防止基层的真实情况被层层过滤,误导高层领导的正确决策。

扁平思维和垂直思维是两种相反的思维方法。之所以提出扁平思维,是因为中国根深蒂固的垂直思维和网络时代的扁平思维产生了强烈的冲突。中国人多地广的特点,使得古代的帝王们都在极力推行中央集权,中央集权的特点就是层层治理。这种垂直思维方式已经成为一种文化植入到中华民族的血液。中华人民共和国宪法明确规定,国家的行政管理机构为国务院、省(直辖市)、区县和乡镇四级行政,大约80年代之后又在省(直辖市)和区县之间增加了一个层级,将过去省的派出机构地区行政公署变成了一级行政机构。这是典型的垂直思维的结果。行政领域的垂直思维模式深刻地影响着产业发展。改革开放前,大型国有企业,不仅办工厂,还要办学校,办医院,办商店。改革开放之初,产品的销售代理一般有全国总代、省级代理、市级代理、县级代理。现在这些垂直思维结果正在逐步向扁平思维调整。不过,在互联网出现之前,垂直思维方式仍然占据主导地位。

虽然,扁平思维一直都存在。但是,互联网的出现,加速了社会各个领域的扁平化,人们正在改变过去程序化和中心化的思维模式,去中间化和去中心化逐渐成为人们的思维习惯。自从有了电子邮件,手写的情书就成为最珍贵的信物,人们到邮局排队寄信的现象已经成为历史,邮局的信件少了。自从有了微信,每个人就充当了记者的角色,每部手机就是一个小媒体,世界奇文可以在片刻之间传遍全球,纸媒的发行少了。自从有了支付宝,人们不带银行卡也可以消费,银行的业务少了。自从有了电商,人们不出门也可以购物,商城的人流少了。邮局对于书信、报纸对于新闻、银行对于资金、商城对于商品都是中间环节,也是中心环节。这些环节的消失,使互联网背景下人们的生活和工作变得更加简单、直接和高效。

那么,CIP 的扁平思维怎么体现呢?首先,经销中间环节减少。电商的交易模式是商家对商家(B2B)、商家对用户(B2C),而CIP 的交易模式是工厂直接对用户直销(F2C)和用户直接对工厂定制(C2F),较之电商,去掉了更多的中间经销流通环节,减少了流通成本,产品价格必然较低。其次,链供采购环节减少。工厂生产需要购买上游配套产品,配套产品分为标准件和非标件。标准配套产品的采购,通过网络竞标方式,由下游工厂直接向上游工厂订购(F2F),省去了中间经销商家,节约了谈判时间,避免了采购腐败。非标产品采用 OEM 或者 ODM 模式,由下游企业指定上游企业代工生产,这本身就是工厂对工厂的 F2F 模式。第三,物流中间环节减少。物流领域包括货源企业、代理公司、承运公司、汽车司机四个纵向要素和金融服务、线路资源两个横向要素。CIP 平台上的物流系统,可以智能集聚和分流这六大要素,汽车司机直接对接货源企业,打破了传统物流先集中再分流的现状。第四,研发中间环节减少。传统的技术研发模式是,或者购买成套的产品技术,或者组织团队自行研发。而 CIP 采取分拆集成模式,也就是将技术创新拆分成若干模块,通过网络将模块分别外包给不同的研发主体,再由发包方进行技术集成。

扁平思维要求,只保留必要的中间环节。对于中间环节,"能去则去尽量去,非留不可再说留",一切可以去掉的中间环节都应该去掉,一些虽然增加成本但去掉之后又无法满足用户需求的中间环节都应该留下。那么,在 CIP 环境下,哪些环节是必要环节?为了方便分析,我们将产品分为生产供应链和市场销售链两个大环节。在生产供应链环节,总装企业究竟是全部购买配件进行组装,还是全部自主生产配件,这取决于总装厂商自主生产配件的综合成本和技术水平,在技术水平高、综合成本低的情况下,它会选择自主生产配件。问题是,一个产品往往由多个零部件组成,有些零部件自己生产更有利,有些零部件别人生产更有利,于是,多数总装厂商既不选择全部自主生产配件的方式,也不选择全部购买配件的方式,而是自主生产核心技术和高额利润的配件,其他配件特别是标准配件主要通过市场采购获得。也就是说,在生产供应链环节,还不能全部去中间化。一些大型企业,之所以采取并购、入股等方式,将一些专业特点明显、技术含量较高的上游链供企业收编到自己旗下,是因为大型企业自身就有较大的采购规模。在市场销售链环节,均可以实现产品直销,直销的方式有两种,一种是网络直销,这部分产品可以完全去中间化,消费用户直接向工厂购买产品,最典型的情形就是个性定制产品;另一种是终端直销,虽然消费用户不能直接向工厂购买产品,但是去掉了除平台之外的其他中间经销环节。网络直销主要销售不需体验、个性定制、日常使用的产品,比如手机、内衣;终端直销主要销售需要试用、价格较贵的产品,比如汽车、外衣。无论是工厂直销产品,还是终端直销产品,一般都需要经过 CIP 平台,因为平台是产品的市场渠道商,否则生产企业就要自建交易平台。从系统论的角度看,一个完整的系统只需完成输入、处理、输出、反馈四个程序,去掉不能产生价值、只能增加成本的中间销售环节之后,仍然构成一个完整的系统,这表明中间销售环节是多余的。如果把 C2F 模式视为一个交易系统,消费用户下单购买属于输入,总装厂商生产产品属于处理,物流公司配送产品属于输出,消费用户提交意见属于反馈,这个过程全部实现了四个程序。如果多一个销售环节,就会多一个循环系统,多出的销售环节中,除了没有生产,购买、配送和反馈三个环节都不能少,这必然增加成本和降低效率。

第五节 产业思维

产业思维就是从产业角度解决企业问题的一种思维方式。一般来说,企业解决问题的思路是站在企业自身角度进行思考。但是,我们发现,无论企业多么努力,也无论政府多么努力,这些问题都只能在企业局部解决。这种"不识庐山真面目,只缘身在此山中","只见树木,不见森林"的现象在企业思维中普遍存在。这不是企业问题,也不是政府的问题,企业不能解决产业的问题,而政府只能解决产业的规划、服务和管理问题。那么,有没有一套既不依靠单个企业,也不依靠政府的市场化解决方案呢? 当然有,那就是用产业思维方法,建立起来的产业互联 CIP 模式。

CIP 模式是典型的产业思维,它的基本理念是双向整合,纵向叫作供应链聚,横向叫产业联聚,链聚＋联聚＝集聚,"聚"是实现产业整合的必要条件和基本前提,"聚"就能形成产业生态和利益同盟。链聚是串联关系,联聚是并联关系。链聚企业就犹如有纵向直系血缘关系的小家庭,包括爷爷、爸爸、儿子、孙子;联聚企业就犹如有横向旁系血缘关系的大家族,包括大爷、二爷……幺爷及他们夫人的纵向直系血缘和横向旁系血缘。直系血缘小家庭叫企业互联网,直系血缘小家庭和旁系血缘大家族组合在一起就是产业互联网,虽然血统关系不能改变,然而交易关系则因为产业互联而改变。

产业思维是用户思维、整合思维、扁平思维、智能思维和开放思维在产业领域的综合运用。企业获得利益体现了用户思维，企业用户上线体现了开放思维，实现产品直销体现了扁平思维，上线企业集采体现了整合思维，信息自动匹配体现了智能思维。仅从降低成本一个问题看，平台集市模式，降低销售成本；链供集采模式，降低采购成本；资金集存模式，提高存款利息；物流集配模式，降低物流成本；技术集研模式，降低研发成本；先销后产模式，降低财务成本；生态共享模式，降低营销成本。这些降低成本的方式，单个企业无法解决，只有产业互联方可实现，这就是站在产业角度解决企业问题的意义。

产业思维强调，一个平台运营一个产业，平台上每个上线企业都与其他上线企业有着直接或者间接的纵向与横向关联。当然，这个关联是以利益为核心的经济关联。服装、汽车、医药、食品等都可以分别建立一个产业共聚共享共赢的平台。不同产业的企业，由于没有利益关联，即便上线同一平台，也没有实际价值。不过，最上游的设计研发和材料生产，最下游的产品销售和终端商铺，由于它们的专属特性较弱，因此上下链端的交易往往可以跨越产业同台运营。比如，钢材产品、塑料产品同时满足了多个产业的需求，消费电商、百货公司也同时销售多个产业的产品。

纵向供应链聚的基本要求是全链打通。每一个企业都可以链接上游和下游，使上下游企业形成一个有机的整体，甚至下游企业可以链接上游的上游企业，上游企业可以链接下游的下游企业，实现整个产业供应链和销售链的全线贯通。产业链聚之后，给企业带来诸多方便和利益。首先,可以实现产销一体。按照扁平化思维,可以去掉更多中间流通环节,总装厂商直接链接消费用户或者终端经销,实现产品直销,降低流通成本,提高市场竞争能力。其次,可以实现个性定制。总装工厂可以根据消费用户自己的需求生产产品,配套厂商则根据总装厂商的指令生产配件,满足了小众用户和私人定制的需求,挖掘了细分市场的潜力,降低了消费用户"撞衫"的概率。由于个性定制一般采取先销后产或者消费众筹模式,所以生产工厂没有资金占用压力。第三,可以实现精准预测。销售数据和市场反应可以直通总装工厂,工厂根据市场反应和市场订单进行精准预测,企业按照市场需求和市场预测制订生产计划,减少甚至避免了盲目生产,降低了仓储积压和资金占用成本。第四,可以防治假冒产品。流通渠道是产生假冒产品的主要原因,由于平台实现了产品直销,通过平台购买的产品基本上没有假冒,因此可以从源头上解决这个让企业十分头痛的问题。

横向产业联聚是不同纵向链聚企业的集合。联聚与链聚的共同点在于,它们都在同一产业互联平台,共同构成产业集群。区别在于,链聚是纵向直接关系,联聚是横向间接关系;链聚由上下游企业组成,每个企业都可能存在若干上游和若干下游,联聚由同一产业的若干链聚企业组成;链聚企业之间上线前已经形成交易关系,联聚企业之间上线前没有形成交易关系。产业互联CIP平台犹如一个同台竞技的舞台,链聚企业好比上台表演的某一团队,联聚企业就是各个团队的总和。产业联聚的价值在于,实现了产业集群各类企业的同台集聚,为这些企业提供了大量发展机会,体现了整合思维的思想。产业联聚可以实现集中采购、集中研发、集中配送、集中销售等模式，充分实现发展模式"N 集先生"，这些模式必将促使实体企业发生重大改变。首先，降低了企业成本。在发展模式一章中，详细介绍了"N 集先生"降低成本的道理。以采购为例，集中采购主要就是运用团购原理，以量大换价低。其次，改善了相互关系。过去，生产同类产品的企业是竞争关系。现在，它们可能通过平台集中采购同一上游产品，这样它们的成本都会下降，为此它们成为战略合作伙伴关系。第三，重构了链聚体系。企业现行的链聚体系，是在信息相对封闭的条件下形成的，而在同类产业同台运营的产业互联环境中，信息高度对称，企业完全可以找到更优的合作伙伴。不怕狼一样的对手，就怕猪一样的队友。如果企业存在"猪队友"，就要通过产业整合用"狼队友"取代"猪队友"。

问题讨论：企业可否自建交易平台？

企业自建交易平台，有两种方式，一种是自己建自己用，另一种是自己建产业用。前一种方式的问题是，虽然可以实现链聚，但是不能实现联聚，无法产生横向整合收益，网络平台的功能不能完全发挥。后者的问题是，你的竞争对手一般不愿意进入你的平台。但是，无论哪种方式，你都要组建运营开发团队，如果线上交易流量过少，可能造成入不敷出的困境。最关键的是，如果你不能快速成为产业的老大，你就可能被同类的竞争对手消灭。

CIP 的理念是"同链、同业、同网"，纵向可以实现上游和下游的整合，横向可以有效实现设计、研发、采购、资金、物流、数据、销售、用户等资源的整合。横向整合就是将竞争对手整合在一起。与竞争对手同台唱戏，这是一些传统企业很难接受但又必须接受的现实。同样是生产摩托整车的企业，如果进入神摩网平台系统，你的采购、研发、物流成本就会大大降低，你的经销店面和销售规模就会大幅扩大，你的技术开发、市场预判、数据融资和链供管理能力就会大幅提升，而你并没有增加成本，你和你的竞争对手都得到快速发展。反之，如果你不进入神摩网系统，你的市场空间和利润空间就会被竞争对手逐步挤压，你与竞争对手相比，生产成本更高，销售渠道更窄。在互联时代有一类企业家注定会失败，那就是思想不开放的企业家，不愿抱团取暖、没有整合思维的企业家，除非你能够独占产品市场和创新技术。

第六节　智能思维

智能思维就是将有规律的管理行为软件化的思维方式。理论上，所有行为规律都可以开发成为执行软件，软件程序不过是人类思维的模拟，硬件设备不过是代替人类的行为动作，智慧城市也不过是人类思维和行为的软件化和数据化。计算机之所以能够处理文字、图片和声音，就是将文字、图片和声音数据化，并通过软件操作程序还原。数控机床之所以能够代替手工作业，是因为研究人员在钳入式软件中设定了动作程序，机床执行软件程序即可。神秘的 Master 之所以能够 100％地战胜人类围棋高手，是因为 Master 的智能软件可以计算围棋对手每步棋之后五步、十步甚至二十步的各种动作可能和各种应对动作，这种模仿人类思维的强大能力，已经超出了人类自身，博弈对象必败无疑。一些领域之所以不能智能化，是因为我们还没有掌握规律，或者根本就没有规律。人是世界上最复杂的动物，而智能软件没有感情，不懂变通，不会出错（除非软件开发程序出错），不会偷懒，不需休息，也没有怨言。归纳起来，智能软件的特点就是：精准、高效、持久、听话、廉价。对于 CIP 平台，智能思维的结果有四大优势，一是节约人力成本，二是降低出错概率，三是提高工作效率，四是减少劳务纠纷。为此，平台系统应该尽量智能化。

CIP 平台是由消费产品公共交易系统（CP）、产业链供公共交易系统（FP）、物流要素公共交易系统（LP）和企业互联资源管理系统（IERP）共同构成的一个复杂的软件系统，相比普通电商平台复杂很多。对于 CIP 平台系统而言，智能思维变得特别重要，也只有增加智能成分才能顺利运营平台。软件开发人员应该系统思考怎样让平台管理更加智能和高效，不需要人工把关的尽量智能化和数据化，特别是资金结算、生产制造、要素匹配和信息传递等工作应该智能化和数据化。原则上能够找到算法规律的工作都应该由智能软件自动处理，这样可以节省大量的人力、物力和财力，而且可以提高效率和避免出错，这就是智能思维的意义和作用。

实现智能思维的工具是智能软件，开发智能软件的关键是算法，列出算法模型的前提是量化。也就是说，实现智能思维必须进行量化管理,在量化管理的基础上理清数据逻辑并形成数学模型,最后形成智能执行软件。按照智能思维的要求,CIP系统可以实现如下智能运用。

第一,智能结算。结算包括了平台与工厂、经销、物流、银行、消费等用户和客户的利益分配,这个利益分配过程按照平台的商业模式,通过智能软件系统瞬间自动完成,海量的结算信息人工无法操作。2015年,阿里巴巴集团总交易量为3万亿,假定每单300元,共计100亿单。如果人工处理,每人每天处理500单,每年200个工作日,则需要10万人;如果每人年薪10万,则仅仅负责结算的人员工资就要花费100亿。这是一个天文数字,阿里巴巴集团难以承担,而智能结算软件大大节省了这笔开销。

第二,智能制造。智能制造由智能硬件设备和智能软件系统两个部分组成,硬件设备由生产工厂投入,而系统软件则可以由网络平台和智能软件专业机构共同开发。由于CIP平台的企业按照同类产业集聚的原则聚集,同类产业同一链节不同企业的生产工艺流程和生产技术具有高度的相似性,因此智能软件可以采取标准软件＋个案修订模式。标准智能软件应该包括销售数据与生产计划之间、生产计划与智能设备之间、智能设备与智能设备之间、智能感应与智能设备之间、厂内物流与生产环节之间、个性用户与视频跟踪之间、生产业绩与产品规模之间信息的精准获取、计算、传递和执行。利用CIP平台的生产系统智能软件,可以降低智能制造系统的成本,从而促进CIP上线运行企业智能制造能力的提高。

第三,智能销售。据美国《财富》杂志报道,美国中小企业平均寿命不到 7 年,大型企业平均寿命不足 40 年。中国中小企业的平均寿命仅 2.5 年,大型企业的平均寿命仅 7－8 年。美国每年倒闭的企业约 10 万家,而中国每年倒闭 100 万家,是美国的 10 倍,平台每天倒闭 2740 家。造成企业倒闭的原因很复杂,但是最根本的原因是失去市场,是消费者抛弃了企业。这说明,在传统产销模式下,企业很难精准预测市场,知己知彼方能百战不殆,市场就是企业的风向标,只有迎着市场风向走才可能成为常胜将军。CIP 平台的智能销售系统,可以准确地统计分析每时、每天、每周、每月全国市场的销售情况,从而精准确定市场销售预测、配套采购数量、产品出厂时间等信息。智能销售还可以实现扫码支付货款、定制数据收集、生产视频观察、产品市场调查等功能。

第四,智能物流。CIP 平台的智能物流系统,可以实现货源、车源、司机、仓库、资金、线路等物流要素的匹配,实现运输动态的实时监控和物流信息的快速传递,减少了返空、零担、延迟、跑货等现象。

第五,智能管理。智能管理包括链供智能管理、流程智能管理、业绩智能管理、员工智能管理等系统。链供智能管理系统,可以清楚地掌握上游企业的生产情况和下游企业的销售情况,为生产决策提供依据。CIP 链供管理系统,可以实现生产计划、制造过程、物料采购、市场预测、数据分析、产品比价、消费体验、物流配送、内部管理等全方位的数据化,较非 CIP 企业成本更低、效率更高,数据更有商业价值。

第六,智能分析。智能分析是 CIP 平台的重要组成部分,可以分析产品市场消费规律,可以分析链供产品变化增幅,可以分析不同品牌竞争态势,可以分析新推产品市场反应,可以分析品牌发展市场预测,可以分析消费用户需求趋势,可以分析制定品牌市场定位,可以分析制定成本控制策略,可以分析制定下游企业采购策略,可以分析制定产品销售策略。这些具有商业价值的大数据分析,可以指导企业更好地创新研发、计划生产和销售布局。智能分析往往得出人们意想不到的结果,从而改变人们的观念。美国沃尔玛连锁超市对其交易数据进行分析挖掘,发现"跟尿布一起销售最多的商品是啤酒",这一结论背后的原因是"年轻的父亲下班后经常去超市为小孩买尿布,又随手买了啤酒",于是把尿布和啤酒摆在一起销售,为消费者构建了新的消费场景。这一发现,已经超出了人们的生活经验,体现了数据智能分析的巨大魅力和无穷乐趣。

第七,智能比价。比选价格是一种重要的消费行为,在海量的消费信息中寻找符合自身要求的产品是一件十分辛苦的工作。运营家居的 CIP 平台比三家公司,其搜索比选功能十分强大,消费用户只需输入材质、款式、色彩等基本信息,立即就可以比选出价格较低的产品。

第七节　独大思维

独大思维就是只争第一、不做第二的思维方式。这是同类互联网平台一枝独大现象诱导而成的一种思维。互联网领域特别是电商领域,有一种特别的现象,那就是市场定位和商业模式相似的平台往往只有第一名,而第二名以后就销声匿迹了。C2C领域有个淘宝,O2O领域有个京东,搜索引擎有个百度,社交网络有个微信,人们很少关注与它们同类的平台,出现了最优秀的平台独揽天下的景象。传统商业企业,往往出现"百花齐放、百家争鸣"的现象。虽然,沃尔玛、麦德隆、新世纪、王府井、永辉、重百这些超市的商业模式和市场定位非常相似。但是,它们存在于不同的空间,满足了不同的人群,北京人不会到上海购买餐巾纸,叫花子不会到奥特来斯购买LV。因为一般城市规划中五公里之内至少有个大型商圈。互联网平台之所以出现一枝独秀的现象,是因为互联平台没有物理距离、地域边界、规模容量和边际成本等因素的限制,地球变成了村庄——空间距离等于零,商城变成了宇宙——商品规模无穷大,边际成本接近零,用户越多成本越低,一个同类平台就可以同时满足全国人民的购物需要。如果出现两个同类平台,迟早会有一个平台会在竞争中被淘汰,除非你与众不同,因为一个村庄不需要两个百货公司。这就是优步和滴滴停战合作的原因。

互联平台与传统商城的区别,就是集中与分散、一点和多点、有边和无际的区别,这些区别直接影响着互联平台的发展战略。快速占领市场是互联平台通常的发展战略,病毒营销和资本推动是互联平台快速占领市场的主要策略,这些战略和策略都是独大思维的结果。免费模式和补贴模式就是典型的病毒营销策略,让已经消费的用户主动告诉还没有消费的潜在用户,每一个消费用户都成为平台的推广员,其目的就是快速获得用户,打败竞争对手,独占市场资源,成为行业领袖。与传统商城竞争策略相比,既有相似之处,也有较大区别。相似的是,都以占领市场为目标。不同的是,传统商城竞争以区域为主,而互联平台争夺的是全国甚至全球市场。如果平台认为病毒营销还不够快,就会使用资本推动策略,也就是"烧钱"模式。滴滴补贴用户、京东负债扩张,还有大量诸如猪八戒等获得天使、A 轮、B 轮、C 轮投资的平台,他们获取的资金主要用于抢占市场,把同道赛跑的对手消灭在半路上。

那么,问题来了。目前,已经出现了一些超级交易平台,此时新创运营平台还有机会吗? 答案是"有",不仅有而且机会非常大。理由有四点:第一,产业互联网方兴未艾。目前我们看到的网络平台,绝大多数都是消费互联网,消费互联网只能负责产品的销售,而生产产品的企业很少有人认真关注过。怎么降低企业成本、怎么实现集中采购、怎么实现个性定制、怎么实现数据融资、怎么实现链供管理、怎么实现技术创新、怎么实现市场预测、怎么实现智能制造、怎么实现资源整合、怎么实现假冒防治、怎么提高产品质量、怎么降低产品价格,这些都是产业互联网应该关注的问题。而产业互联网的特点是,不同产业不适合在同一平台上运行,这是因为不同产业有众多不同的特点,将生产汽车的企业与生产电脑的企业集聚在同一平台没有道理。同类产业集聚,这正是 CIP 强调的思想。第二,消费互联网可以细分。消费产品可以分为:快销和大宗、标准和非标、高频与低频、日用和奢侈、实物与创意等,这些区分可能影响人们的消费习惯。淘宝等网站很难满足大宗、非标、低频、奢侈、创意等产品,这些产品应该由专业消费市场来满足用户,比如,汽车、摩托、外衣、设计等。猪八戒和彩宝宝都是消费互联网,猪八戒就是运营创意产品的网站,彩宝宝是运营彩票的网站,它们在消费互联网的细分领域都非常成功。第三,消费互联网还需创新。目前的消费互联网还有一些问题需要创新,比如个性定制问题、产品直销问题、假货防治问题、配送效率问题、线下体验问题等。京东就是解决了配送效率和假货防治才脱颖而出。第四,互联要素融合才刚刚起步。互联网、物联网、车联网、区块链和VR、视频等技术可以在多个领域实现融合。在产业互联网领域,VR可以用于产品销售,物联网可以用于智能制造,区域链可以用于交易结算,视频技术可以用于个性定制。总之,中国的互联网还在青春期,成长的道路还很漫长,网络市场远远没有饱和。

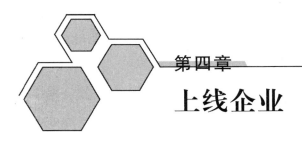

第四章

上线企业

产业互联 CIP 主要适用于工业企业，可以为企业带来众多好处，包括降低运行成本、拓展消费市场、实现数据融资、提升研发能力、助推智能制造、优化链供管理和准确预判市场，这七大优势涵盖了企业"一高九难"十大问题，既是企业的殷切期盼，也是作者的实践成果，我们相信：只要企业上线，问题就会解决。

　　企业上线需要考虑两个问题：利益和风险。追逐利益是企业的天性，企业是部逐利的机器，利润最大化是企业的主要目标，利益是说服企业的最佳辩手。防控风险是企业决策的思维底线，零风险是风险防控的最高理想，资金安全和商业机密是上线企业风控的主要内容。利益足够大、风险足够小，就不怕企业不上线。

　　CIP 发展模式，就是一套增加企业收益和降低企业风险的模式。CIP 是一种理论、一种思想、一种方法，也是一套系统、一个工具，CIP 不是空头支票，不是雾里看花，而是实操路径。CIP 是公共服务平台，它服务的对象不是一个企业，而是一个产业，不是解决企业的个别主要问题，而是解决企业的全部主要问题。CIP 模式以实体企业为核心，其创始人不仅具有管理、经济、金融、软件、法律等专业背景，而且长期醉心于产业互联网的实践。他们是一群有责任感和事业心的国家公务员，负责服务企业和招商引资工作，深度接触民营企业上千家，深知企业发展的艰难和企业老板的艰辛，他们肩负着使命和责任为企业排忧解难，在大量实践的基础上，研究出一套系统解决企业发展问题的方案，即产业互联CIP。鲁迅曾经说过："第一个吃螃蟹的人是很令人佩服的，不是勇士谁敢去吃它呢？"。但有多少人敢于去成为第一个吃螃蟹的人呢？CIP发展模式，已经在重庆市得到了批量实践检验。截止2016年底，仅重庆合川区共计签约CIP企业20家，上线企业13家，涉及摩托制造、玻璃器皿、工业塑料、五金机电、服饰服装、物流配送、软件开发、消费保险等多个产业类别，形成了一套政府服务产业互联网的制度体系。CIP发展模式，得到了国家部委、知名专家、行业精英、实体企业和消费用户的高度认可，授予了重庆中国产业互联研究院、中国产业互联运营中心、中国电子商务协会产业互联分会、中国产业互联实践创新基地等机构和荣誉。这项由政府官员主导，站在实体企业角度研究和实践的成果，既充分考虑了实体企业的利益，也充分考虑了实体企业的风险。

首先思考一个问题：电商平台关注的是产品销售，那么企业的其他痛点痒点问题谁来关注呢？答案是：CIP。CIP平台解决的企业痛点和痒点问题，可以归纳为"一高九难两担心"，即：运行成本高、产品销售难、个性定制难、生产计划难、链供管理难、数据融资难、技术创新难、资源整合难、智能制造难、假冒防治难和担心资金安全、担心商业泄密。这些问题，几乎所有企业都存在，而且大家并不陌生，有些是已经存在的问题，有些是产业互联的问题；有些是习以为常的老问题，有些出现不久的新问题。甚至有人认为，既然大家都在同一条跑道，面临着同样的问题，那么"大家都有的问题，根本不是问题"。但是，有一点值得注意，现在是互联网时代，除了地面跑道，又增加了一条网络跑道，当你的竞争对手在网络跑道而你在地面跑道同时赛跑时,当你的问题不能解决而别人的问题已经解决时,你的问题算不算问题?市场经济是选择经济,基本规则是:"不怕产品差,就怕比三家","不怕大路货,就怕货比货"。消费者是带着货币用心情在投票,企业家要想获得更多的货币,就得征服消费者的内心,让他们在比较中选择你。市场是没有硝烟的战场。比较选择的背后是企业,优秀的企业是产品创新、市场渠道、成本利润、运行效率、人才技术等要素较量的结果。企业失去要素优势,等于产品失去市场优势,消费者放弃投票,等于宣布企业死刑。企业的死法无外乎三种:市场竞争比死的,资金断链逼死的,管理不善病死的,而产业互联 CIP 找到了赢得市场、获取资金、科学管理的三种活法。站在企业的角度理解,产业互联 CIP 平台是一个网上园区,一个产业联盟,一个消费市场,一个采购中心,一个研发机构,一个数据工厂。

第一节　降低运行成本

有个简单的公式:企业利润＝销售金额－运行成本。这个公式说明:销售金额越大、运行成本越低,企业利润越高。那么,运行成本包括哪些内容呢?实体企业都有三个关键环节,即采购、生产和销售。微笑曲线揭示,生产环节利润最低,恰恰生产环节的许多问题很少有人认真关注。紧紧围绕这三个关键环节,就可以找到降低成本的方法。CIP 模式可以在七个方面降低企业成本,分别是采购成本、仓储成本、流通成本、物流成本、时间成本、资金成本、中介成本。本节讨论的成本问题，是不改变企业现状节约的成本，这些成本有些是显性成本，有些是隐性成本。隐性成本是实际发生而又很难算清，通常被企业忽略的成本，这些成本往往比较零散，大家视而不见，甚至认为"存在就是合理"。

降低采购成本。一般来说，企业以独立主体完成采购。由于独立采购数量较小，议价能力较弱，无论是公开招标还是协议采购，价格都相对较高。CIP平台利用团购原理，发挥规模优势，集中下游企业的采购需求，通过公开招标方式，直接向上游生产企业发起集团采购，这叫集采模式（P2F，见交易模式一节）。当然，平台会根据现场考察和业内评价等因素，制定供应厂商资格准入条件。P2F集采交易模式的价格自然低于独立采购价格，价格降低的原因，一是因为平台直接面向工厂采购，节省了中间经销商的成本；二是因为中标供应厂商薄利多销，挤压了中标供应商的利润；三是因为采购中标价格完全公开，避免了企业采购腐败现象。腐败在企业采购中相当突出，"吃回扣"已经成为普遍现象，而且由于许多采购人员都是老板的亲信，多数老板选择保持沉默。根据目前的集采经验，建筑材料采用集采模式，可以降低10％以上的成本，机械配件可以降低6％以上的成本，医药原料可以降低12％以上的成本。统计显示：海尔集团实现集采后，每年采购竞价成本降低5％，中国电信义乌集中采购中心采购的商品，价格降低30％至40％。实现集采的基本条件是同网、同品、同期，在传统采购方式中很难实现"三同"，而在产业互联CIP模式下，同类产业的海量采购信息，则比较容易实现"三同"。上线企业只需填写标准的采购信息,平台就可组织统一招标,中标企业按照发货时间组织生产。

降低仓储成本。这里的仓储是指企业生产环节的仓储。仓储积压是生产企业普遍存在的现象,因为传统生产方式是根据企业的计划进行规模化生产。由于企业很难判断产品的销售速度,也很难确定配件的采购数量,生产计划可能不够准确,这就造成两个问题:即产品过剩(产过于销)和产品不足(销过于产)。当产品过剩时,就会造成滞销产品和采购配件的仓储积压;当产品不足时,又会造成产销脱节、高价采购(原料)、库房闲置等问题。仓储积压必然产生成本,如果积压在企业自己的库房,则会影响其他产品的库存和生产;如果积压在其他企业的库房,则需支付仓储租金甚至亏本出售。而CIP模式则很好地解决了这一问题。CIP采取产品直销[F2C(P2C)]、个性定制[C2F(2CP)]、线下体验模式[F2O(P2O)]三种商品交易模式(见交易模式一节),无论哪种交易模式,总装厂商(网络平台)都直接面向消费用户。对于个性定制用户,由于采取先销后产模式,不会形成仓储。对于产品直销和线下体验用户,虽然仍是先产后销,但是销售数据可以在第一时间反馈至生产工厂,工厂可以精准预测和及时调整生产计划,这样就避免了仓库积压。西方国家很多企业之所以能够做到零库存,无外乎就是这些方法,而中国企业已经默认了它的"合理性"。

降低流通成本。这里的市场流通成本是指产品出厂之后发生的成本。表面上看,这似乎与生产厂商的成本无关,但是它会直接影响产品市场价格的定位。流通成本偏高,产品价格必然偏高;产品价格偏高,市场销量必然减少;市场销量减少,企业收益必须降低。在这种情形下,企业为了抢占市场,被迫降低自身利润。这叫

"城门失火,殃及池鱼"。而 CIP 是按照扁平思维设计的一种模式,改变了传统经销渠道层层批发的市场流通方式,去掉了中间经销环节,实现了总装厂商与消费用户的直接链接,减小了市场流通成本。虽然电商也减少了一些中间环节,但是电商平台的经销商不一定是总装厂商或者平台运营商,很难实现产品直销,经销环节必然多于产业互联 CIP 平台。每增加一个经销环节,就会增加运输、装卸、房租、仓储管理和中间经销利润等成本。据调查,多数产业每增加一个经销环节就会增加 25% 左右的市场流通成本。中间流通成本减少,产品价格必然较低,市场竞争优势也就明显,间接地增加了企业利润。

降低物流成本。中国的物流企业普遍存在散、小、乱、差的问题。虽然绝大多数企业的物流采取了外包方式,与生产企业的成本没有直接关系,但是物流成本是流通成本的重要组成部分,物流成本高同样影响产品的市场价格。CIP 模式有一个智能物流系统(LP),可以自动配置货源、车辆、司机、仓库、线路和资金六大物流要素资源,降低了返空和零担的概率,从而控制了物流成本;同时 CIP 平台的直销模式,避免了商品的折线物流和重复装卸的情况,实现了工厂与用户的物流直通。

降低时间成本。企业传统运行模式,有一个重要问题,就是运行效率低。CIP 平台的 IERP 系统,实现了企业管理的高度信息化和智能化,节省了部分人力,提高了运行效率。传统运行模式与 CIP 模式相比,没有交易数据支撑决策效率就低,没有信息办公系统传递效率就低,没有智能生产系统生产效率就低,没有智能物流系统配送效率就低,没有集合采购模式采购效率就低,没有定制市场承诺生产组织效率就低。效率低使得每个人在单位时间创造的价值就少。甲企业每人每天生产两件产品,乙企业每人每天生产一件同样的产品,甲企业100人每年共计生产72000件产品,乙企业100人每年共计生产36000件产品,而甲乙两个企业的工资成本几乎一样。由此可见,时间成本最终表现为人员工资成本。企业应该认识到,CIP不仅是个产业集群交易系统,也是一个以企业资源管理(IERP)为中枢的信息办公系统,它对外可以实现交易,对内可以提高效率。

降低资金成本。债权贷款资金就要支付利息,股权投资资金就要释放股份,自由支配资金就有机会成本。机会成本就是你选择投资A项目而放弃投资B项目,投资B项目可能带来的收益就是投资A项目的机会成本。总之,用钱就会产生资金成本。企业传统运行模式中,仓储积压、高价采购、效率低下、人浮于事等情形,都会增加资金成本。降低资金成本的重要手段,就是最大限度地发挥资金的作用并促进资金快速回笼。降低采购资金成本,就要降低采购价格和快速销售产品;降低劳务资金成本,就要减少员工数量和提高工作效率。以贷款生产为例,假如银行向企业贷款1个亿,年息6%,生产的产品出售金额1.4亿,资金一年周转一次,则企业的销售值为1.4亿,资金一年周转三次,则企业的销售值为4.2亿。如果企业的纯利按照10%计算,周转一次的利润是1400万,周转三次的利润是4200万,而资金占用成本完全一样。促成资金快速周转,就必须利用产业互联CIP平台准确判断市场,当市场销售旺盛的时候,我们就可以多贷款多生产,当市场销售疲软的时候,我们就可以少贷款少生产。

降低中介成本。由于 CIP 平台集聚了大量的同类企业,法律顾问、税务咨询、财务管理、物流配送、软件开发等中介服务公司,都希望通过平台获得相关业务。在这种情形下,CIP 平台就可以采取集团采购服务外包的方式,为中小企业取得价格更低的中介服务。

以上这些成本,有些可以计算,有些很难计算,有些可以根据不同产业估算。通常,企业更加关注看得见、算得清的"显性成本",而往往忽视了看不见、算不清的"隐性成本"。"隐性成本"十分可怕,犹如一剂慢性毒药,它呈现给企业的不是暴风骤雨,而是涓涓细流,日积月累的负面影响是致命的。作为企业家,我们应该谨记"温水煮青蛙"的教训,用好产业互联网这剂良药,消灭隐性成本。《狼图腾》一书说:黄羊在水草丰美的地方,不会吃得太饱,因为经验丰富的黄羊知道,老狼随时都可能潜伏在四周,为了逃命它们时刻准备"轻装"奔跑。隐性成本就是潜伏在企业身边的老狼。由此看来,不要忽略隐藏在角落的隐性成本,控制隐性成本十分必要,中国企业提升精细化管理水平的空间很大。

第二节　拓展消费市场

市场是企业的第一资源。提高市场份额,是企业的第一任务。企业应该换位思考,站在消费用户的角度,充分利用 CIP 平台,拓展消费市场。CIP 平台在拓展消费市场方面,具有以下优势。

首先，CIP平台是个专业销售渠道。理解CIP模式的市场渠道，必须首先了解用户的消费习惯和消费心理。消费用户的购物行为主要分为两种方式：即网上购物和现场购物。现场购物行为主要分为两个场景：即百货超市和专业市场。高频快销品往往在百货超市购买，比如：食品等。低频耐用品往往在专业消费市场购买，比如汽车、摩托、电脑、手机、家具等生活消费用品和塑料、化工、钢材、机床、通机、五金、工程机械等工业消费用品。蔬菜、服装、电器等产品既可列入百货超市，也可开辟专业市场，这要根据区域的消费规模确定。消费关联度较高的产品往往可以进入百货超市，消费关联度较低的产品往往进入专业市场。如果把当前的电商平台理解为网上百货超市，那么CIP平台就是网上专业市场。CIP平台集聚了同一产业的同类产品，是一个同类产品网上专业市场的销售渠道。对需要线下体验的产品，CIP平台还会建立终端销售系统。实体企业应该顺势而为，搭上CIP平台这列市场快车，抢占市场先机，提高市场份额。

其次，CIP平台是个物美价廉市场。消费用户是否购买产品，取决于两个因素，即体验好和价格优。这两个因素叠加，就是物美价廉。体验好就是物美，价格优就是价廉。体验包括品牌、功能、性能、质量、款式、手感、色彩等感官经验。物美价廉的产品一定会受到消费用户的青睐，CIP平台就是一个物美价廉的市场。为什么说CIP平台销售的产品物美价廉呢？在市场价格方面，CIP平台的产品具有绝对优势。CIP平台的产品之所以价格便宜，是因为它在产品的采购、生产和销售三个关键环节都节省了成本。采购环节可以进行集合采购，集采不仅包括上游配件和材料，也包括设计、物流、法律、税务等中介服务，这些都可降低成本。生产环节可以精准预测市场，控制财务、仓储、人工等成本。销售环节可以实现产品直销，减少流通环节，节约每个环节的折线运输、上下装卸、仓库房租、管理人工和环节利润等成本。在产品体验方面，CIP平台的产品更能满足体验。从产品价值角度看，CIP平台产品的生产工艺、材料配件、质量管理、品牌信誉、功能性能与其他产品几乎没有区别，甚至为了迎合网购用户，可能款式更加新潮。从购物乐趣的角度看，消费用户可以通过CIP平台直接观察产品在工厂的生产过程，这是目前的电商平台无法实现的功能；消费用户也可以通过CIP平台的智能比选功能输入条件进行选购；消费用户还可以利用CIP平台的虚拟现实技术（VR）进入网络商城购物，感受亲临商城一般的体验。

第三，CIP平台是个性定制中心。当前，追求产品个性化已经成为一种时尚的消费倾向，个性定制是未来企业拓展消费市场的重要途径。据美国最新预测："改变未来的十大科技"中，"个性定制"排在首位，这个判断是来自于市场的变化趋势。造成这个变化的原因有两个：一是消费用户的价值判断出现分化，人们追求畅销产品的心理越来越少。二是消费用户收入水平出现分化，愿意出钱购买高品质和个性化产品的人越来越多。但是，目前绝大多数消费用户使用的产品仍然是工厂批量生产的产品，供需错位现象比较突出。在供需错位的情况下，多数消费者被迫在已经上市的产品中选择比较满意的产品，因为他们别无选择。这样，就造成多数比较满意的人与少数非常满意的人使用同一产品的现象，实际上是"少数人的需求决定多数人的选择"。造成供需错位的主要原因是，分布零散的小众需求和私人定制用户，没有通道向生产工厂描述他们的个性需求，自然生产工厂也无法满足他们的个性需求。而CIP平台搭建了用户和工厂的沟通桥梁，按照先销后产模式实现了个性定制。但是，已经习惯先产后销模式的实体企业，往往容易忽视产业互联平台的先销后产模式。原因是企业可能不知道先销后产模式的市场容量，也可能不知道先销后产模式的运作方法，还可能不知道先销后产模式的赢利方式。关于市场容量，从理论上讲产品都可以定制，只是有些产品可以全面定制，有些产品可以局部定制。根据长尾理论，小众需求和私人定制的总和可能大于大众批量需求产品，个性定制主要来源于"比较满意"、曾经丢失和潜在消费的用户。"比较满意"转向个性定制用户的过程，就是传统的先产后销模式销量逐渐递减的过程，这就警示企业当竞争对手已经开展个性定制业务的时候，如果你还在观望，就可能丢失曾经"比较满意"的这部分用户，而潜在的个性定制用户也必定"落入敌手"。关于赢利方式，由于个性定制采取先销后产模式，可以节约大量的销售成本和财务成本，在销售价格基本不变的情况下，节省的成本就是企业增加的利润，而销售价格基本不变的理由是满足了用户的个性需求。由此可见，个性定制虽然比较麻烦，但是单个产品的利润不减反增。关于运作方式，按照先销后产的模式，消费用户只需将自己的需求按照标准格式发送至平台，平台再将用户的需求发给能够满足用户需求的工厂，用户根据各家工厂的设计、价位、品牌等情况确定生产工厂，就可以完成用户的个性定制需要，工厂则按照个性定制要求进行柔性生产。此时，CIP 平台承担了柔性生产定制中心的责任。

问题讨论：怎样处理传统渠道与网络渠道的矛盾？

绝大多数商品都由生产工厂授权的代理公司负责销售，销售代理公司需要花费财力建设分销渠道，有些产品还需要代理公司出资铺货，一般销售代理合同都会约定，生产工厂授权区域内的产品销售享有独家代理权，而且全国或者区域的市场价格应该保持一致。那么，产业互联 CIP 平台怎样获得产品销售代理权，并保持独有的价格优势呢？解决这个问题的核心是确定产品类别。第一类：电商专供产品。这类产品是由工厂专门为网购用户单独设计或者局部改动的产品。第二类：个性定制产品。这是传统销售代理渠道无法实现销售的产品。第三类：网络众筹产品。这同样是传统渠道无法实现的销售功能。第四类：产品空白市场。传统渠道没有拓展的销售市场，可以由 CIP 平台代理销售。个性定制和网络众筹的共同点在于，它们都是先销后产模式。区别在于，网络消费众筹，首先设计产品，然后用户交钱，最后工厂生产；个性定制需要在网络众筹的三个步骤之前，增加用户主动提出需求这个程序；还有一个区别在于，网络众筹满足的是批量用户，而个性定制满足的可能是小众批量用户，也可能是私人定制用户。这四类销售方式，企业既可以避免法律风险，也允许形成价格差异。

第四,CIP平台是个假冒防治标签。大家普遍认为,电商产品容易出现假冒产品。假冒产品出现的主要原因是,一些网商不是工厂直营店,中间网商是假冒产品的主要来源。而CIP平台链接的生产工厂,虽然也可能生产不达标的伪劣产品,但是工厂没有动机生产假冒自己的产品。而且工厂生产伪劣产品的概率相对较低,因为工厂是重资产企业,生产伪劣产品必然降低产品信誉,失去消费市场,还可能受到政府处罚,违法成本太高。如果工厂生产别人的假冒产品,不仅存在较高的法律风险,而且平台根本不会准许产品上网。CIP平台集聚的是同类产业集群,同网的A企业假冒了B企业的产品,不仅B企业可以立即发现,而且平台为了维护自身信誉也不会允许。由于传统渠道的假冒产品,分散在不同的区域,隐蔽性较强,不容易发现,即使发现了打假成本也很高,而利用CIP平台进行网络打假,打假成本极低。如此等等,CIP平台出售假冒伪劣产品的概率极低,所以CIP平台就成为假冒防治的标签,必然会增强用户的消费动力。

第五,CIP平台是个行业广告媒体。任何CIP平台都是一个精准定位的媒体,用户的眼睛就是这个媒体的资源。传统大众媒体都存在一个问题,那就是广告受众不精准。如果在中央电视台投放食品广告,喜欢吃的不喜欢吃的都得看。而CIP平台就大不相同,它的广告和产品只给有需求的人看,因为买食品的人才会上食品网站,买服装的人才会上服装网站。在传统媒体上打广告的应该是平台,而不是平台上的某个企业,因为平台需要引流消费用户上网,消费用户上网后自然会看到你的形象。在产业互联CIP平台上,如果看不到你的产品和广告,就等于告诉你的用户,你已经退出了市场。

第三节　实现数据融资

资金是企业发展的核心资源,融资是借力发展的重要手段。融资是个专业的活儿,但是通俗地理解,融资就是借别人的钱干自己的事儿,用未来的钱干现在的事儿。问题是,别人为什么借钱给你,你未来从哪里拿钱还别人。解决这个问题,融资就不是难事儿。长期以来,传统融资模式很难解决这个问题,"融资难、融资慢、融资贵",一直困扰着我国实体经济的发展,特别是中小企业的融资问题尤为突出。造成这个现象有三个原因:

首先,金融机构很难判断企业未来。金融机构判断企业,需要交易数据支撑,包括企业采购、库存和销售等数据。然而,传统融资方式获取数据是一件麻烦的事情,为了获得准确数据,防止企业弄虚作假,需要专业机构进行信用评估和贷前调查,而且还要进行审批、签约、贷后监督等过程,以确保贷款资金的安全性、合法性和赢利性。程序需要时间,这就是融资贷款慢的主要原因。而 CIP 平台可以清楚地显现企业的交易数据,金融机构也可以实时监控企业的交易数据。企业可以作假,数据却不会撒谎。

其次,贷款资金很难形成还贷闭环。控制风险是设置贷款流程和进行资产抵押的重要原因。金融机构为了控制风险,不仅要有流程保障,更重要的是要有抵押资产保障。抵押资产的作用就是确保企业的还款能力,形成贷款和还款资金的闭环。按照供应链金融的思维,只要能够确保贷出资金的流动形成超值闭环,贷款资金就非常安全。而有些企业特别是中小企业,往往没有抵押资产,这就是贷款难的主要原因。在 CIP 环境中,平台公司、上游企业、下游企业都是结算银行的用户,结算银行向下游采购企业发放的贷款,可以直接发放到上游供应企业,上游供应企业将产品(配件)再配送到下流采购企业,完成资金使用闭环;同时,下游采购企业的销售资金,直接回笼到结算银行,结算银行扣除下游采购企业的贷款资金后,完成整个贷款资金流向的封闭循环。

第三,企业融资很难跨越中间环节。中间环节主要表现在融资担保公司和社会金融机构。当企业抵押资产不足时,就需要担保公司担保;当银行不愿意贷款时,企业就只能寻找社会金融机构贷款,包括基金、信托、小贷等,他们的获利方式就是买卖资金,充当资本中间商的角色,其中的部分资金来源于银行。无论是担保公司还是社会金融机构,都会增加企业的贷款成本。增加贷款成本还有两个因素,一个是低信用高利息,另一个是部分贷款转存。低信用高利息,就是信用越好的企业,贷款利息越低,信用越差的企业,贷款利息越高。由于中小企业经营风险大、缺乏抵押物、信用级别低、信息不透明、风控成本高等原因,造成银行上浮贷款利息,出现"嫌贫爱富"的现象。比如,国有企业贷款利息低,中小民营企业贷款利息就高。以 2016 年为例,一年期贷款基准利率为 4.35%,但通常商业银行给中小企业的放贷要在基准利率的基础上上浮 20% 以上,最高可达 60%。部分贷款转存,就是企业贷款的少量资金不能使用,而是转存银行,但是企业需要承担全部贷款的利息。除了这些,还有财务顾问、资产评估、手续办理、汇票贴现等费用,这些都是融资贵的主要原因。全国工商联的一份抽样调查表明,在过去数年内,私企支付给银行的利息与国企相比平均高出225 个基点。"融资贵"不仅加重企业负担、蚕食了实体经济的利润,而且影响宏观调控效果,也带来了金融风险。而在 CIP 环境中的供应链金融,则涉及担保机构及民间贷款等问题,融资贵的问题自然得到解决。

问题讨论:产生融资难、融资慢、融资贵的深层原因是什么?

造成融资难、融资慢、融资贵的深层原因是资本市场不完善。首先,融资结构不合理。我国长期存在间接融资多、直接融资少、债权融资多、股权融资少的现象。以银行信贷为主的间接融资占据社会融资总量的 80%至 90%,而以直接融资为主的股权市场发展相对缓慢,直接融资规模占比很小。相对于直接融资方式,间接融资方式抬高了融资主体的负债比率,增加了经济主体的融资成本和财务风险。其次,融资机构不健全。我国银行系统主要以几大国有商业银行为主导,缺乏专门服务于中小微企业的政策金融机构和小型商业银行,限制了中小企业的融资渠道。研究表明,大型金融机构在解决中小企业信贷信息和贷后监管方面缺乏优势,通常不愿向信息不透明的小企业提供贷款;而规模小、机制活的小型金融机构在这一方面优势明显。第三,融资市场不完善。一方面,银行业准入存在政策障碍,导致融资市场竞争不充分,金融产品同质化严重,从而催生了影子银行的产生。另一方面,借贷主体的非市场化,导致信贷市场的不公平竞争和信贷资源配置的结构性问题。第四,融资操作不规范。金融创新的异化,是提高实体经济融资成本的重要因素。在我国金融抑制的环境下,正规金融体

127

系满足不了企业融资和闲置资金投资的需求。传统银行为了规避银行业的利率管制、存贷比例和贷款额度等限制,通过银信合作、银证合作、银保合作等通道业务,延长了实体经济的融资链条,不仅提高了实体经济的融资成本,而且异化了金融创新。

在互联网背景下,如何帮助企业解决融资难题,是个值得研究的课题。CIP 平台的数据就是一种融资资源,数据是破解融资难题的法宝。在当今社会,数据的价值正在逐步彰显,数据已成为可以与物质资产和人力资本相提并论的一个生产要素。2016 年 11月 18 日,武汉一家叫 ImageQ 的大数据语义分析云平台完成 A 轮融资,获得相关机构投资 2700 万人民币。企业的传统融资方式都需要抵押物或者质押物,而且抵押物或质押物的价值肯定会高于融资金额,这是银行防止风险的必要措施。但是,在互联网时代,银行可以通过监控企业的运行情况,获取真实数据,这是信用评级的关键资料。现在我们可以通过数据,准确分析企业发展运行现状和未来趋势,这是过去很难做到的。

互联网还会让融资变得更加灵活。就 CIP 平台来说,线上企业有成千上万家,需要融资贷款的企业也有很多。这时,我们可以收取每家融资贷款企业的少量现金作为风险保证金,放大数倍进行贷款,用这部分现金存款的利息或理财收益作为风险补偿金。例如,一个平台有 10000 家企业,其中有 1000 家需要融资贷款,平台收取每个企业 3 万元押金,为每个企业贷款 9 万元。这时,平台上收取的资金就有 3000 万元,通过与银行谈判,可以将存款利息或者理财收益争取到 4%,因而利息收益就将有 120 万元。对于每一个企业来说,还不起贷款平台承担的风险是 6 万元。因此,押金的收益可以承担 20 个企业贷款的风险,不良贷款率的风险率控制在 2% 以内。根据银监会公布的数据显示,截止 2014 年 12 月,商业银行的不良贷款率为 1.29%,低于 2%,说明风险是可控的。在这个案例中,企业只交了 3 万元风险保证金,但是放大 3 倍获得贷款,而且没有实物抵押,这就是 CIP 平台数据融资的优势。当然,CIP 平台可以与金融机构合作,根据不同产业,设计不同交易场景的不同信贷产品。

第四节　提升研发能力

创新是民族的灵魂。技术创新是企业的核心竞争力,管理创新是发展的不竭动力。如今,中国制造已经享誉全球,国人为之自豪。但是,我们不难发现:"中国制造"的背后是屡见不鲜的产品同质化,产品同质化的结果是低价竞争,低价竞争必然吞食企业利润,利润的降低就会减少创新投入,这正是多数中国企业的发展现状。部分企业进入了一个恶性循环的怪圈,这是中国企业生命周期短的重要原因。中国人喜欢到国外购物,驱使他们出境购物的动机是产品质量,大到机床、汽车、摩托、服装、马桶、微波炉,小到食品、药品、香水、箱包、奶粉、指甲刀,无论在美国、日本还是德国,只要中国人一出现,就会有服务员用中文向你介绍产品,至少会挂一块胸牌:"我会说中文"。这些现象说明两个问题:第一,中国人民好像有钱无处花;第二,中国企业优质产品少。这是值得中国企业家们认真思考的问题。

技术创新不仅可能独占市场鳌头，还可能塑造品牌价值、降低生产成本，甚至赢得市场定价权。当人无我有或者人有我优的时候，市场价格就由你说了算，相反当市场出现同质产品的时候，产品市场就由低价的说了算。市场不在乎友情，市场也不相信眼泪，市场要用产品征服，产品得用技术说话。但是，关于技术创新，企业家们往往心有余悸，因为他们听说：技术创新是"找死"，不创新是"等死"。全球企业百年发展的历史告诉我们：技术创新的转化成功率只有 1/1700，即 0.59‰。其实，我们只要找到正确的方法，技术创新的成功率就会大幅提升。在谈方法之前，我们先分析一下企业技术创新的现实问题。

首先是技术创新思路问题。思路决定出路，思路来源市场。思路存在的问题主要是研究内容与市场信息错位。具体表现为：企业要求、用户需求、效率追求三个错位。在企业要求错位方面，大学等机构的研究课题，往往偏重理论突破，忽视市场反应和企业要求，造成科研成果的市场转化率极低。在用户需求错位方面，企业的技术创新内容，往往是在市场信息不对称的情况下做出的决策，事先很难掌握用户的反应，即使获得技术成果，也不一定能够提高企业利润，技术创新效益不太明显。在效率追求错位方面，无论是大学还是企业的技术创新，都没有快速、全面获取用户技术要求的信息通道，用户反馈信息不仅严重滞后，而且分散零乱，同时用户信息获取成本较高，当我们找到技术创新思路时，可能先知先觉的人已经突破技术难关，企业失去了市场先机。

其次是技术创新能力问题。靠近市场的企业往往技术创新能力较弱，技术创新能力较强的科研单位往往远离市场，这是一对矛盾。为了解决这对矛盾，于是产生了校企合作模式。但是，校企合作的成本太高，一般是大企业采取的合作方式，广大中小企业只能"望校兴叹"。北京大学一个教授给企业当个管理顾问，每年收取顾问费50万。造成大学团队成本高的原因是，老师是大学的人才资源，学校应该收取校外合作项目的管理费用。无论是大学团队还是企业团队，都存在一个共同问题，那就是成果研发效率低。大学老师首先必须完成本职工作，很难全心专注于课题研究，多数情况是导师的学生以课题形式搞研究；企业为了控制研发成本，往往技术力量较弱，研究周期较长。事实上，无论是大学团队还是企业团队，都不一定是一种科学的技术资源配置方式，资源配置不合理是社会的普遍现象。团队太优秀则成本高，团队不优秀则效率低；一些优秀的技术人才没有活儿干，一些优秀的项目没有人干；当高素质的团队研究低技术的项目时，造成人才浪费，当低素质的团队研究高技术的项目时，造成资金浪费。这些现象归结到一点，就是科研力量的组合错位，直接造成社会技术创新能力的下降。

第三是技术创新经费问题。反应技术创新经费支出，有一个国际通用的术语，称为 R&D。R&D 是一个国家政治经济和科学研究实力的反应，也是一个企业市场竞争和持续发展能力的反应。西方发达国家十分重视科研投入，科研投入占 GDP 比重较大。以科研水平排在美国、英国、日本、法国之后，位居世界第五的德国为例，2014 年德国在能源、电子、汽车、化工、机械五大领域 R&D 的占比分别为 13.76%、9.09%、6.06%、5.49%、3.78%，而中国2014 年 R&D 的占比为 2.1%，北京市海淀区是中国院士最集中的地区，R&D 的占比也不过 4%。由此可见，中国企业总体上不太重视科技投入，绝大多数的 R&D 占比都在 3% 以下。不过，中国的大多数企业都是改革开放之后才开始创建，基础差、底子薄，技术创新意识也弱。从长远角度看，企业要想成为"百年老店"，必须具备持续的技术创新能力，中国通信巨头华为就是一个成功的案例。华为从 2012 年起，连续四年净利润增长超过 30%，2015 年收入超过 3900 亿元，实现净利润 369 亿元。在华为高增长的背后，是连续多年对技术研发的巨额投入，2015 年，华为研发投入 596 亿元人民币，占销售收入 15%。

那么，产业互联 CIP 平台，能不能解决以上这些问题呢？在企业技术创新领域，CIP 平台具有以下优势：

首先，可以减少研发失误。基础理论研究不是企业的强项，应用技术创新才是企业的职能。技术创新的指挥棒是市场，市场需求的信号灯是用户，研究的方向盘应该跟着用户转，用户需要什么企业就研究什么，研究人员的脉搏应该与用户一起跳动。但是，在传统的技术创新模式中，很难做到这一点。研发内容和需求信息不对称的现象始终存在，企业获取的市场信息往往是碎片化的，即便进行市场调查也只能进行抽样调查，很难全面掌握用户需求。在产业互联 CIP 环境中，企业获取用户反馈信息既快捷又省钱，而且交易数据本身就反映了用户需求。平台只需按照标准制式收集、整理、统计、分析用户反馈，形成有价值的商业数据，并将用户需求报告反馈给企业，企业按照用户的需求和自己的思考确定技术创新课题即可。

其次，可以降低研发成本。传统技术创新模式中，要么是自主研发,要么是合作研发,无论哪种形式,都需要支付研发团队的成本。在CIP平台上,集聚了大量的社会研发人才,他们可以是团队,也可以是个体。同时,也集聚大量的企业,实现了社会人才与生产企业的全面对接。人才可以找项目,项目也可以找人才,犹如一个技术人才和技术项目的双选大市场。平台集聚的人才,利用闲散时间为企业研发,不需要企业支付工资,只需要支付劳动成果报酬,既节约了企业的开发成本,也实现了人才的创业梦想。节约的成本不仅包括技术人才成本,也包括市场调查成本,还包括寻找合作伙伴的谈判成本。在实际研发过程中,由于参与研发的人来自不同的单位,有着不同的思路,他们还可能为项目研发提供更多的好建议。可能企业家们会疑问,企业的技术创新比较专业,同时技术创新必须保密,那么,怎样在防止在技术泄密的情况下找到专业人才呢? 其实不难,可以通过网络众包方式解决这个问题。具体办法是:企业只需保留少数技术骨干,制定技术研发方案,方案中将技术分拆成若干模块,把市场化程度高的模块按照网络公开招标的方式,进行全部或者部分外包,实现网络同台协作研发,然后再由企业的技术骨干进行技术集成,这叫技术分拆集成模式。这样任何一个网络人才,只知道技术创新的局部,无法掌握整个技术创新的核心机密。我们应该明白,这些网络人才都是同类产业中经验丰富的技术研究人员,他们可以解决产业领域的绝大多数问题。我们相信用整个社会的技术力量,解决一个企业的技术问题,从技术能力角度没有任何问题,全社会都不能解决的问题,单个企业也无法解决。企业家们可能又有疑问:怎样防止本企业的技术人才为其他企业从事研究工作呢? 这是一个在网络时代不应该有的问题。网络时代我们无法保证每个人才都完全为我所用，他们用休息时间发挥专业特长，做点自己的事情无可厚非。而且他们积累一些技术实践经验，开阔了眼界，提高了水平，也有利于本企业的技术创新。当然，他们泄露了你的技术秘密，自然会承担法律后果。在互联网之前，人才利用业余时间干私活儿，已经屡见不鲜，只不过互联网之后，他们的机会更多了。让人才在网络上流动，有利于整个行业技术创新水平的提高，作为企业只能加强人才的内部管理，无法限制人才业余时间的网上流动。

第三，可以提高研发效率。由于CIP模式，可以采取众包集成方式，实现技术人才和研发项目的高度匹配，让最专业的人做最专业的事儿，每个接受众包任务的人都可以轻车熟路地开展研发工作，必然会缩短研发周期，提高研发效率。除了众包集成，我们还可以把企业发展的各类问题提交网络，向热心的网民免费寻求答案，网民可以提供诊断建议和回答咨询，犹如"百度知道"一样，快速找到解决方案。有些自己百思不得其解的问题，可能在网络这个大千世界中轻轻松松获得答案。学会利用网络解决自身的问题，应该成为当今企业管理者们的一种基本素养。以上这个技术创新模式，也叫网络协同创新模式，企业应该用活、用好、用够，用到极致。

第五节　助推智能制造

智能制造水平是国家工业发展的重要标志。2015年3月，李克强总理在全国两会《政府工作报告》中提出"中国制造2025"规

划。"中国制造 2025"规划要求,全国试点示范项目运营成本降低
50％,产品生产周期缩短 50％,不良品率降低 50％。企业智能制
造水平是市场竞争能力的重要反应,主要表现在四个方面,即降低
成本、提高效率、保障品质和柔性生产。

在降低成本方面,智能制造降低的成本主要是人力成本。假
如传统生产方式每条生产线需要 200 人,每人年薪平均 6 万,全年
人工成本 1200 万;假如智能制造方式每条生产线只需 40 人,每人
年薪 12 万,全年人工成本 480 万,智能制造比传统方式节约人力
成本 720 万,即 60％。而且,智能工厂也叫"黑灯"工厂,可以每天
24 小时工作,而人工只能每天工作 8 小时。也就是说,一条智能产
线相当于三条人工产线,因此一条智能产线每年节约的总成本是
三个 720 万,即 2160 万。假如建设一条智能产线需要资金 6000
万,而三年节约的人工费用是 6480 万,还剩余 480 万,剩余的资金
用于设备的维护,这样三年可以收回投资成本。还有一个降低成
本的情形,就是由于智能制造的效率是人工生产的三倍,必然会减
少产线数量,产线数量的减少又必然会减少厂房面积,这样可以节
省生产、住宿、办公三个部分三分之二的土地成本和建筑成本。

在提高效率方面,如前面所述,一条智能产线相当于三条人工
产线的效率。除此之外,在生产过程,智能设备的生产效率也远远
高于人工。

在保障品质方面,由于智能设备不会闹情绪,不会打官司,不
会拉团伙,不会说闲话,更重要的是不会出差错,这样产品缺陷就
会大大减少,产品质量自然大大提升。如果产品有差错,主要是人

工操作上的差错,或者系统设计上的问题。出错率低了,材料损失和无效劳动就少了,这也可以降低成本。

在柔性生产方面,智能制造主要体现在生产环节,也有部分内容体现在销售环节,销售环节中的个性定制就可以通过生产环节的柔性生产去实现,智能制造为个性定制创造了良好条件。在智能制造的背景下,操作人员只需要调整技术参数,就可以达到个性定制的目的,从而实现工厂的柔性生产。当然,个性定制也可以通过人工生产方式去实现,只是人工生产实现个性定制的效率较低。

那么,CIP平台怎样助推智能制造呢? CIP平台的作用仅仅是助推智能制造,而不是全面实现智能制造,CIP平台只是智能制造的一个辅助工具。助推方式主要体现在两个方面:第一,收集生产数据。智能生产需要数据支撑,一个产品就是一组数据,这些数据都是通过CIP平台获取。特别是千差万别的个性定制数据,在传统销售模式中很难获取,没有这些数据智能制造的柔性生产功能就不能很好地发挥。第二,减少建设投资。智能工厂分为智能生产设备和智能软件系统两个大类,智能生产设备由工厂购买,这部分投资很难节约。而智能软件系统则可以节约开发成本,由于CIP平台集聚了大量同类产业的企业,它们具有相似甚至相同的工艺流程和技术要求,可以共同使用一套标准的软件系统,这样就节约了智能软件系统的开发费用。例如,某CIP平台上的一家企业要设计一套工业4.0的软件系统,交由A公司设计,需要费用1000万,10家企业总共需要1亿元。如果由平台去给A公司谈判,第一家智能工厂仍然需要投资1000万,但是第二家则只需要投资 400 万,因为第一家的软件系统与第二家基本相同,可以在第一家的软件系统基础上做适当修改即可,第二家投资的 400 万中, A 公司收取软件修改费用 200 万,第一家收取软件产权费用 200 万。如果有五家企业使用软件,则第一家将收取软件产权费用 1000 万,相当于第一家企业投资软件开发的费用为零。此时,第一家投资软件的企业,已经从软件消费者,变成软件投资商,这就是所谓投资消费模式。成本的降低将极大助推企业建设智能工厂的热情,提高企业的市场竞争能力。

第六节　优化链供管理

链供管理就是以企业自身为核心,链接具有交易关联的上游和下游,并形成产业链系统的管理方式。链供管理水平取决于企业内部的管理水平和上游下游的整合程度。一个著名的经济学家说过,今后企业的竞争不是一个企业与另一个企业的竞争,而是一个产业链与另一个产业链的竞争。由此可见,链供管理十分重要。目前,企业管理最先进的工具就是 ERP 系统,ERP 包含了企业的进、销、存和人、财、物等管理要素,ERP 系统将信息技术与管理思想集于一身,可以从多个方面提高企业的管理效率和降低企业的运行成本。但是,ERP 系统有两个致命的弱点。第一,系统开发较贵。企业开发一套 ERP 系统需要至少 200 万以上的资金,如果直接购买一套 SAP 公司的 ERP 系统,至少需要 300 万,高等级的

ERP 系统需要 1000 万左右。价格昂贵导致 ERP 系统成为大型公司的"专利",无法普及到绝大多数中小企业。第二,不能链供管理。ERP 系统是个独立的信息管理系统,主要功能是企业内部资源的管理,无法实现与上游企业和下游企业的无缝衔接,即使上下游企业都有 ERP 系统,由于开发公司、技术思路和通信格式不同,也很难实现链供管理。ERP 系统没有实现网络化,将企业游离在交易链之外,企业之外的采购、配送、销售和甲乙双方交易等信息只能手工录入,这意味着无法实现产业链整合,产业链的整体效益很难发挥。实际上,这个信息化产品是个信息孤岛,这与互联网的精神背道而驰。为了解决这个问题,产业互联 CIP 模式提出了 IERP 的概念。IERP 系统是指产业互联环境中的 ERP,是基于 Internet 的 ERP 系统,是在 ERP 系统基础上的创新和升级。IERP 系统具有以下特点。

第一,全链无缝链接。在产业互联 CIP 背景下,无论是纵向交易还是横向交易,整个产业都使用同一套 IERP 系统,其技术思路、通信格式、使用功能、操作界面等都一样,上游企业和下游企业都处于同一个系统环境中,每个企业都可以无缝链接上游和下游企业,上游的供应和下游的需求直接传进企业系统,不需要人工录入,没有信息孤岛问题。

第二,内外同台操作。IERP 除了满足 ERP 企业内部资源管理,还具有 ERP 系统不具备的外部信息收集、对外信息发布和关联企业交易功能。IERP 系统可以直接将非标配件采购信息传送到上游链供工厂(F2F),将标准配件采购信息上传到产业采购平台(FP),将产品销售信息上传到产业销售平台(CP),将产品配送信息上传到物流资源配置平台（LP）。同时，企业可以接收来自平台、销售、采购、设计、金融等主体的信息，实现了外部信息接收、内部信息外传和交易信息处理等功能。

第三，内部信息保密。内外同台之后，内部信息的保密问题就显得特别重要。其实，现在的网络技术高度发达，云技术的成熟应用，意味着已经较好地解决了这一问题。只有你输入密码时，才能进入自己的操作系统。只要密码不泄露，别人很难破解你的密钥。因为软件设计和云处理系统都编制了科学复杂的密钥。一些大型平台采用了云非关联存储技术，这样企业的安全等级会更高。

第四，进行数据分析。在激烈的市场环境下，企业需要通过不断获取最新的市场数据来改变自己，这不仅需要广泛快捷的信息来源，还需要精准科学的数据分析处理。IERP 系统凭借其先进的智能处理功能，能够智能统计分析销售、采购、库存等数据，为企业制订生产计划和研究产品战略提供依据。以服装厂家 A 公司为例，它的上游配套企业有 B1（面料）、B2（纽扣）、B3（拉链）等，下游企业有 C1（平台总代）、C2（终端销售）等。这时，某一消费者在巴购服装产业 CIP 平台购买了一件 A 公司生产的品牌服装，数据马上就会传递给 A 公司，也会马上传递给上游的企业 B1、B2、B3……A 公司以及上下游配套企业立即就可以根据该品牌当月的销量来科学制定下月的生产计划。

第五，软件使用免费。一般平台会采用免费策略（最多收取少量软件维护年费），企业不需花钱，就可以受益于 IERP 系统的一体化成果，实现企业内部管理和链供管理，提高管理效率和节省管理成本。

第七节 准确预判市场

现在,企业面对的是一个高度竞争、瞬息万变的市场环境,一些企业由于缺少数据支撑,很难准确、及时地分析预测未来市场,传统模式收集统计的数据往往大大落后市场反应,造成企业判断市场和市场实际变化两者的时间错位,"时差"问题可能导致企业盲目扩大产能、盲目增加产量、盲目采购材料、盲目推出新品等情况,这些情况既形成了产品的大批积压,又错失了市场的真正商机。2012年以来,"大数据"一词越来越流行,随着"大数据"成为时下最火热的行业词汇,围绕大数据商业价值的开发利用,成为行业人士追捧的热点。

大数据的作用归根到底就四个字:辅助决策。利用大数据分析,能够统计数据、发现规律、预测趋势,从而实现辅助决策、提升管理水平,最终避免决策失误和提高经济效益。我们掌握的数据信息越多,决策才能更加科学、精确、合理。这些数据不是来源于一个企业、一个交易链,而是来源于同一产业的不同企业和不同交易链。没有交易关联的数据即使凑合在一起,数据也很难产生商业价值。卖电脑和卖红薯的统计数据怎样产生数据关联,又怎样形成数据价值呢? 正如中国商业联合会数据分析专业委员会会长邹东生先生所说,大数据的战略意义不在于掌握庞大的数据信息,而在于对这些含有意义的数据进行专业化处理。

CIP强调"同业同网",就是为了保证数据质量和专业服务。

CIP由消费产品公共交易系统（CP）、产业链供公共交易系统（FP）、物流要素公共交易系统（LP）和企业互联资源管理系统（IERP）共同构成。站在企业的角度，IERP是链接前三大系统的中枢；站在产业的角度，CIP平台是四大系统的大脑。企业的IERP系统可以及时掌握上游企业、下游企业、消费用户等的数据信息，形成"小数据"；而CIP平台可以掌握整个产业所有关联企业的数据信息，形成真正的大数据，大数据与小数据共同形成商业数据。大数据可以判断产业趋势，"小数据"可以判断产品趋势。市场预测的前提是销售数据，CIP平台获取的信息具有数据准确、传递及时、智能统计、表达形象的特点。数据准确是因为，所有的交易数据都是用户货币投票的结果，消费用户不会用钱说假话。传递及时这是互联网的显著特点，在消费用户支付的瞬间，工厂就已经获得数据。智能统计是平台软件按照企业认定的时间区间、销售区域等条件自动统计，不会出现统计误差。表达形象是指统计结果可以使用柱状图、线状图、饼状图等形象可视的方式表达并形成简要文字分析报告。

CIP平台的数据分析功能，不仅可以预报市场变化，还可以诊断企业问题。企业可以利用这些特点，对市场变化和企业管理做出精准判断，这对企业发展至关重要。以下列举部分数据分析预测功能。

A：企业产品生命周期分析。生命周期是指新产品从开始上市到撤出市场的时间区间。这里只讨论品牌企业的生命周期。该指标可以跟踪观察新产品每月的销售动态，即慢增长、快增长、高增长、零增长、负增长等状态。计算模型：（本月销售量－上月销售量)/上月销售量。表达方式:曲线图连续表达数月的销售增幅。当销售出现快增长时,企业应该加足马力生产,并强化市场营销;当销售出现慢增长时,意味着应该及时上市新产品,避免丢失市场;当销售总量下降至盈利平衡点时,应该停止生产。

B:同类产品生产周期分析。生产周期是指上游企业从下游下单订货到发货所需的时间。该指标用同类产品的行业平均生产周期与企业平均生产周期之差来表示,它反映的是企业生产效率。周期越长,说明生产效率越低,资金占用成本越大,周期越短,说明生产效率越高,资金占用成本越低。生产周期较长的企业应该分析原因,及时改进。计算模型:A(同类产品行业平均生产周期)—B(同类产品企业平均生产周期)。如果 A—B=0,说明比较企业的生产效率与行业平均生产效率相等;如果 A—B>0,说明比较企业的生产效率高于平均水平;如果 A—B<0,说明比较企业的生产效率低于平均水平。A—B 得出的数字差异代表比较企业生产效率与平均生产效率差异的程度。表达方式:用柱状图表示。

C:区域现有消费习惯分析。该指标用同类产品在不同省份(区域)万人年度(季度)平均消费产品的数量表示,可以为企业布局销售区域提供决策参考。计算模型:全省同类产品销售数量之和/全省人口总数/10000。表达方式:同图表达各省万人消费柱状图,按照万人年度平均消费多少依次将不同省份的柱状图列入同一坐标系,全国平均万人年度消费数量用虚线列入其中。比较区域高于万人平均销量的省份,说明该省消费能力较强,高出越多消费能力越强,是企业应该确定的重点销售区域。

D:区域未来消费习惯分析。主要反映不同省份消费习惯的变化,可以作为重新调整销售布局的依据。计算模型:(全省本年度销售各类品牌总量－全省上年度销售各类品牌总量)/全省本年度销售各类品牌总量。表达方式:按照增幅大小依次将不同省份的增幅柱状图列入同一坐标系,全国平均增幅列入其中。增幅为正时,柱状图列入水平坐标之上;增幅为负时,列入水平坐标之下。

E:品牌区域竞争能力分析。比较不同品牌在同一区域同一时段的消费总量占比。区域一般是指省份或者方位众省(下同)。时段以历年为宜(下同)。该指标主要用来表达不同区域的消费者对不同品牌的认知程度。计算模型:同一品牌区域历年销售量之和/区域全部品牌历年销售总量之和。比例越大,品牌影响力越大。如果企业销量太小,则可以退出该市场,如果较大则可"火上浇油"向最大销量冲刺。表达方式:饼图同图表达各大品牌占比。

F:品牌区域影响变化分析。比较不同品牌在同一区域同一时段的消费增量占比。该指标主要用来表达不同区域品牌影响力的变化。计算模型:(单个品牌本年度销售量－单个品牌比较年度销售量)/(区域全部品牌本年度销售总量－区域全部品牌比较年度销售总量)。数据越大,品牌影响力变化越大。企业可以从区域大品牌的消亡过程中,找到进入市场的机会。表达方式:按照增幅大小依次将不同品牌的增幅柱状图列入同一坐标系,全国平均增幅用虚线列入其中。

G:品牌销售区域分布分析。该指标是指同一品牌在全国不同省份同一时段的销售占比,主要反映不同省份销量的集中度,销量集中度高的省份应该重点关注,集中度低的省份应该分析原因,研究对策。计算模型:省份销售总量/全国(全球)销售总量。表达方式:饼图表达区域占比。

H:产品区域饱和程度分析。该指标主要反映同类产品在不同区域的饱和程度,饱和程度高则企业的新品不宜进入,饱和程度低则可以进入,用同类产品在不同区域的增幅表示。计算模型:同类产品本年度销量总和－同类产品上年度销量总和/同类产品本年度销售总和。表达方式:将不同区域的销售增幅从高至低用柱状图排序。柱状图越高,说明增幅越大,企业越有机会。

I:产品销售季节规律分析。该指标主要反映不同月份在同一区域的销售增量,有助于帮助企业制订生产计划和销售策略。计算模型:(本月不同品牌销售之和－上月不同品牌销售之和)。表达方式:每月销售增量连续曲线图。曲线最高点为销售最佳时间点,最低点为销售最差时间点。如果曲线在水平轴线以上,说明销售增量呈现上升趋势,如果曲线在水平轴线以下,说明销售增量呈现下降趋势。销售旺季判断方法:超过月均增量的连续月份即为销售旺季。月均增量＝年度增量总和/12。月均增量可以用黄色水平虚线表示。黄金销售季节判断方法:超过旺季月均增量的月份即为黄金销售季节。旺季月均增量＝旺季增量总和/旺季月数。旺季月均增量用红色水平虚线表示。

J:销售旺季区域差别分析。该指标主要反映同一月份在不同区域的万人销量区别,用于分析不同区域由于人文地理、气候特点、消费习惯等带来的区别。计算模型:区域销售总量之和/选择区域人口/10000。选择条件:A 组－方位组(东北、西北、西南、东南、华北、华中、华南),B 组－跨境组(中国,美国,亚洲,欧洲,非洲,拉丁),C 组－南北组(北线 16 个省份:新疆,西藏,青海,内蒙古,甘肃,宁夏,陕西,山西,河北,河南、北京,天津,山东,辽宁,吉林,黑龙江;中线9个省份:四川,云南,贵州,重庆,湖北,湖南,江西,安徽,江苏;南线6个省份:广西,广东,福建,浙江,上海,海南),D组—东西组(东线11省:黑龙江,吉林,辽宁,北京,天津,河北,山东,江苏,上海,浙江,福建;中线16省:内蒙古,宁夏,山西,陕西,河南,安徽,湖北,湖南,江西,重庆,四川,贵州,云南,广西,广东,海南;西线4省:新疆,甘肃,青海,西藏)。表达方式:在同一坐标上表达不同区域连续月份万人销售曲线,每种曲线一个坐标。选A组,则有七条曲线;选B组,则有六条曲线;选C组和D组则有三条曲线。

K:链供月度增幅差异分析。同一月份中产业链各级配套环节的增幅有所不同,下游环节现在的增幅应该就是上游环节未来的增幅,如果两个增幅有差距,说明整个产业的增幅将发生变化,如果两个配套环节相距较远,说明下游环节影响上游环节的时间较晚。上游企业可以根据这一特性判断下游企业对自己影响的强弱和时间,从而制订生产计划和调整库存数量。因此,该指标反映的是下游企业对上游企业的影响。链供月度增幅差异计算模型:A(下游企业增幅)—B(上游企业增幅)=[(下游企业本月销量—下游企业上月销量)/下游企业本月销量]—[(上游企业本月销量—上游企业上月销量)/上游企业本月销量]。如果A—B=0,说明上游环节未来几月将稳定增长;如果A—B>0,说明整个上游环节未来几月将加速增长;如果A—B<0,说明上游环节未来几月将放缓增长。A—B得出的数字差异代表上游环节未来几月加速或者减速的程度,A—B=1表示上游环节将在过去增幅的基础上增加1

个百分点，$A-B=-1$ 表示上游环节将在过去增幅的基础上放缓 1 个百分点。为了准确计算不同品牌甚至不同型号产品的增幅差异，可以输入选择条件：品牌名称、配套级数、产品型号。表达方式：用柱状图表示。根据条件选择情况，可以同图表达同一品牌的不同型号，也可以同图表达不同品牌的同类型号。

L：企业创意招标频率分析。该指标用企业进行创新招标的频率分析企业解决问题的习惯，频率越高说明越习惯使用创意招标，降低企业生产成本的可能越大，结合其他指标可以分析企业成本较低、效益较好的原因。计算方法：企业创意招标次数/同类所有企业创意招标次数之和。表达方式：柱状同图表达各家企业创意招标的占比。

M：库存周转效率分析。库存周转效率主要运用企业产品入库时间和出库时间反应。周转效率高说明企业占用资金少、管理成本低。计算模型：A（同类所有企业年度库存平均周转周期）－B（比较企业库存平均周转周期）。A＝（所有同类企业每批产品出库时间－入库时间之和）/所有企业出库批次之和/所有企业数量，B＝（选中企业每批产品出库时间－入库时间之和）/选中企业出库批次。$A-B=0$，说明选中比较企业库存周转效率与同类企业相等；如果 $A-B>0$，说明选中比较企业周转效率高于行业周转效率；$A-B<0$，选中比较企业周转效率低于行业周转效率。表达方式：柱状同图表达各家企业库存周转效率。

N：销售能力比较分析。销售能力可以用两种方式来衡量，即在体系内与自己的团队比较，在体系外与别人的团队比较。与自己比较，即同一品牌，在不同区域的万人销售业绩。该指标可以用来考核经销团队的销售能力,为总装厂商制定销售策略和培训计划提供依据。销售能力计算模型:区域年度销售数据/覆盖人口/10000。数据越大,区域销售能力越强。与别人比较,即不同品牌,在相同区域的万人销售业绩。为了科学比选,应该选择单价相当或者价值相当或者性能相当的不同品牌。

O:定制主流倾向分析。该指标主要反映消费者各类个性定制的需求占比,可以用来预测消费需求和调整生产计划,将个性定制能够实现赢利的产品确定为小众细分产品。计算模型:某类个性定制需求/各类个性定制需求总和。表达方式:按照个性定制需求占比大小依次同图表示。占比极小的可以定位为私人定制,占比较大的可以定位为小众定制,占比极大的可以定位为大众产品。

P:物流成本占比分析。物流成本占比是指物流成本占销售金额的百分比。如果找到企业物流成本和行业物流成本的差距,可以帮助企业分析利润低的原因。计算模型:A(行业平均物流成本占比)-B(企业平均物流成本占比)。如果 A-B=0,说明企业物流成本占比与行业物流成本占比相等,企业具有降低物流成本的潜力;如果 A-B>0,说明企业物流成本占比低于行业平均水平,物流管理水平较好;如果 A-B<0,说明企业物流成本占比高于行业平均水平,企业必须改进物流手段。A-B 的数字差异代表企业生产物流占比与行业平均物流占比的差异程度,A-B=1 表示企业 100 亿销售金额中,比行业 100 亿销售金额少付(节约)1 个亿的物流成本,A-B=-1 表示企业 100 亿销售金额中,比行业 100 亿销售金额多付(浪费)1 个亿的物流成本。表达方式:用柱状图同图表示选中比较企业。

Q:人均价值创造分析。该指标是反映在一定时段内企业每个员工创造价值的水平与行业员工平均创造价值平均的差异,通过比较各家企业人均创造价值的水平,可以反应企业的管理水平,分析人均价值高低的原因。计算模型:[A(同类企业所有销售收入总和/同类企业所有员工人数总和)-B(企业销售收入/企业员工人员)]。如果 A-B=0,说明企业人均创造价值水平与行业人均创造价值水平相等,企业管理能力还有继续提高的空间;如果 A-B>0,说明企业人均创造价值的水平高于行业平均水平,企业管理水平较高;如果 A-B<0,说明企业人均创造价值的水平低于行业平均水平,企业必须进行改革创新。A-B 的数字差异代表企业管理水平与行业平均管理水平的差异程度。表达方式:柱状同图表达各家企业的人均价值。

R:市场调查频率分析。该指标用企业进行市场调查的频率分析企业解决市场定位的习惯,频率越高说明越有可能准确定位市场,结合其他指标可以分析企业销售良好的原因。计算模型:企业市场调查次数/同类所有企业市场调查次数之和。表达方式:柱状同图表达各家企业市场调查的占比。

这些数据分析方法,只是市场分析预测的一部分,它们可以说明,数据是企业的决策大脑。其实大数据并不神秘,它已经走到我们的眼前。企业用好它们,就可以减少决策失误、找到市场方向、提高管理水平、提升竞争能力、降低运行成本。需要说明的是,以上数据都是来自产业的统计分析,不涉及单个企业的数据。除非企业要求平台对企业自身运营状况与产业运营状况进行比较分析,否则平台没有动机对单个企业与整个产业进行比较分析,更没有动力对企业与企业之间的运行情况进行比较分析。

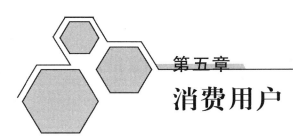

第五章
消费用户

　　赢得消费市场是产业互联 CIP 模式成功的关键。产业互联 CIP 模式与传统经营和电商模式相比,具有购买价格便宜、拒绝假冒产品、实现个性定制和体验走进工厂四大优势,无论是购物价格和消费体验都发生了较大变化,这是消费用户选择 CIP 平台的重要动力。

平台是连接生产用户和消费用户的桥梁，消费用户是 CIP 平台的核心用户。虽然平台不是消费用户的生产工厂，但是平台应该成为满足消费用户需求和生产用户市场的网络红娘，平台不仅是消费用户信息的传递者，也是生产工厂产品的传播者，还是双方交易的撮合者。消费用户——网络平台——生产工厂，三者共同构成了一个以消费需求为导向的逻辑链、信息链和交易链。消费用户的倾向就是平台的方向，消费用户的需求就是平台的追求。一切为了消费者，一切满足消费者，应该成为平台运营的宗旨。降低消费价格和满足消费体验，既是运营平台的首要职责，也是生产厂商的第一任务。

"用户就是上帝"，这是市场经济背景下喊叫了亿万次的口号，但是，这只是一个以忽悠为主的口号。在传统销售模式中，产品的生产商并没有见过"上帝"，那么多"上帝"他们都在想什么，他们都想要什么，他们的想法对谁说，这些生产厂商并不十分清楚，只能"拍脑袋"决策，拍对了生产厂商赚钱，拍错了生产厂商亏本，这就是中国企业死得快、死得多、死在梦中的主要原因。生产厂商的梦想和消费者的梦想不一样，"同床异梦"的结果必然是"黄粱美梦"。而今天，CIP模式的出现，网络直接将消费者和生产厂商链接在一起，工厂可以"看见"消费者，消费者也可以"看见"工厂，他们在一个"客厅"对话。而且，一个消费者可以与多个工厂对话，一个工厂也可以和多个消费者对话。通过视频消费者还可以"走进"工厂，观看所需产品的生产过程，享受一次不花钱的网上工业旅游。这些都是"上帝"应该获得的尊重和享受的待遇。那么，CIP模式究竟能使消费者享受哪些"上帝"般的待遇呢？

第一节　购买价格便宜

大家知道，电商产品比较便宜，那么CIP平台的产品比电商更便宜吗？是的。之所以CIP平台的产品更加便宜，是因为CIP平台系统地解决了实体企业在市场调研、设计研发、配套采购、链供管理、销售流通、物流配送等多个环节的成本和效率问题，而电商只解决了销售流通一个环节的部分成本问题。这样，CIP平台的产品必然便宜。

第一，降低销售成本。目前有三种销售模式，即传统销售模式、电商销售模式、CIP销售模式，这三种模式区别较大。首先，看看传统销售渠道。传统销售模式的环节包括：商品生产厂—全国总代商—省级代理商—地级代理商—县级代理商—终端销售商，共计五个代理层级。在实际操作过程中，部分产业可以去掉一两个代理环节,比如有的没有全国总代,有的没有地级或者县级代理,但是,三四个代理层级非常普遍。每个中间环节都会产生仓储租金、折线物流、周转装卸、管理人工、资金占用和中间环节利润等成本。这样,造成了产品出厂价与市场销售价的巨大差异,经过四级代理后的多数产品,市场价格往往会翻倍甚至数倍。最终将是"羊毛出在羊身上",由消费者买单。其次,看看电商销售渠道。电商平台有两种经营方式,即平台自营和网上开店。京东是平台自营,由网络平台直接面对消费用户;淘宝是网上开店,由网店店主面对消费用户。无论是哪种电商经营方式,都可能去掉部分销售环节,京东自营方式去掉了一些中间代理环节,而淘宝网上商店,则去掉终端销售店面,他们不开实体店铺,商品采取邮寄(快件)方式。网上开店的商品来源主要有五种:即从实体批发市场进货,从中间代理商家提货,从网上平台采购货源,从生产工厂直接发货,靠自己生产产品。自己生产的产品以工艺品为主,比如手编、针刺、书画、PS图片等。从生产工厂直接发货的产品主要是新工厂的新产品和老工厂的滞销品,市场占比很小。再次,看看CIP销售模式。CIP销售模式按照扁平思维实现了产品直销,消费者可以直接从平台或者工厂购买商品,有些产品不需终端店铺,有些产品需要终端店铺,无论是否需要终端店铺,都去掉了大量中间代理销售环节,节约了中间环节的成本,市场价格自然便宜。产品直销模式越来越受到消费用户的认可,正在成为一种消费潮流,这是西方国家已经实现的目标。以二手车买卖为例:瓜子二手车平台,采用"个人卖给个人,无中间商赚差价"的直销模式,深受用户青睐。用户青睐的原因很简单,直销模式消除了中间利润盘剥环节,个人直接将车卖给个人,买卖双方的利益都实现了最大化。而传统二手车交易中,由于信息透明度不高,车商、黄牛、卖场层层加价,卖家往往低价出售,买家往往用高价买车,双方都不乐意。这是制约二手车买卖市场快速发展的最大瓶颈。绕过传统二手车中介,实现产品直销,不仅可以实现双赢,而且选择空间更大,交易效率更高,双方皆大欢喜。虽然,二手车的卖主不是生产工厂,但是,瓜子网络平台与CIP平台的直销原理却有异曲同工之妙。

第二,降低采购成本。采购是工厂生产产品的重要环节。在企业传统运行模式中,由于采购量小、采购腐败等原因,往往采购价格较贵,这势必增加产品的出厂价格,最终转嫁给消费者。采用CIP平台的P2F集采模式,可以降低采购成本,且产业链越长,采购成本越低。所谓平台集采模式,顾名思义就是由平台组织下游工厂向上游工厂集中采购标准配件的一种模式。较"美团""大众""拉手"等团购模式有异曲同工之处,团购重点在"团",集采重点在"集",都是通过资源聚集的规模效应,提高平台的议价能力,在产品质量和服务得到有效保证的前提下,获得低于市场价的优势价格。平台集采价格相当于批发价格,通过集采将被动的分散购买变成主动的大宗购买,将产品信息从区域对称变成全域对称,赢得了采购交易的主动权、产品价格的控制权和下游企业的选择权,从根本上降低下游企业采购成本。而传统的分散采购由于信息不对称,导致下游企业处于被动弱势地位,由于没有平台进行信息统筹,很难找到相同意向的采购"同路人",购买数量较少,没有谈判优势,价格自然较高。例如购买一个零部件,假定单个下游企业购买价格为500元/个,上游企业获利100元/个,按下游企业购买数量 100 个计算,上游企业共计获利 10000 元(100×100),如果通过平台集采,下游企业购买价格按 450 元/个计算,虽然上游企业单个产品的获利减少了 50%,按平台单个企业购买数量 10 倍计算,上游企业就能获利 50000 元(1000×50),大于单个企业盈利收益。

第三,降低隐性成本。时间成本、财务成本、机会成本、中介成本等隐性成本,由于分散隐蔽,容易被绝大多数中小企业忽略。CIP 平台按照"全链打通"的理念设计,企业运行过程中的配件采购、物料仓储、生产计划、物流配送、链供管理、研发设计等决策信息,都是依据销售订单和市场变化确定,减少了资金占用,避免了决策失误,提升了运行效率,自然会降低大量的企业运行成本。资金占用需要支付利息,还可能失去投资机会;效率低下需要支付工资,还可能错失市场良机,它们的最终表现形式都是产品的成本。同样的消费产品、同样的市场价格,有的可以赚钱,有的可能亏本,不愿亏本的企业就提高产品价格,产品价格较高消费者就不买单,消费者不买单企业就没有能力开发新产品,这就造成恶性循环。无论是降低隐性成本,还是降低显性成本,最终都会体现在终端市场价格上,所以,降低成本不仅对企业十分重要,对消费者同样重要。

第二节　拒绝假冒产品

在市场经济背景下,人们的商品需求得到极大满足。但是,在商品得到满足的同时,假冒伪劣产品也随处可见,每年"3·15"曝光的假冒伪劣产品层出不穷。假冒的名牌手表、香水、箱包、服装、鞋帽、香烟,甚至白酒、食品、药品层出不穷。据淘宝网络治理部门负责人主动向媒体透露,仅淘宝一个平台每年的假冒产品就达2000万件。人们还给"假得像真的一样的产品"取了一个美丽的名字,叫作高仿品牌,俗称A货。买假货有点丢人掉价,但是买A货好像还有点面子。没有钱又爱面子的消费者热衷于买假,地下工厂在非法造价,不法商人在拼命贩假,品牌厂商在积极晒假,国家机关在努力打假,于是一个假冒伪劣产品的买假、造假、贩假、晒假、打假生态链形成了。假冒伪劣产品生态链的出现,似乎也符合市场规律,有人买就有人卖,有人卖就有人造。不过,我们不能忘记,假冒伪劣产品的存在,损害了企业的利益,丢失了国人的信誉,也影响了我们的生活质量,是公民法律意识淡薄和社会道德滑坡的表现,不是什么光彩的事儿。

上线企业一章已述,产生假冒产品的主要原因,是中间经销商的存在。中间经销商架起了买假和造假的桥梁,没有这座桥梁,造假没人卖,买假没有货,假货生态链自然断裂。假货在传统经销模式和电商经销模式都可能存在,但是电商模式的假货更多。西方人认为,中国的电商是假冒产品最多的市场,他们甚至把国内一个知名电商的老板戏称为"假货大王"。假货之所以容易出现在电商领域,除了电商存在中间环节之外,还有两个重要原因,一个是买卖双方不见面。部分电商网店没有终端店铺,买卖双方只能网上交易,这为贩假创造了条件。另一个是网上开店门槛低。根据北京大学和阿里巴巴的联合调查,2012年上半年网商数量已经达到8300万家,占全国人口总数的6.1%,而实体企业总数仅占全国人口总数的3.6%,网上开店的店主只有60%的人受过大专以上的教育,70%的人都是兼职经营网店,80%以上的网店店主年龄在18至31岁之间。这些网商的特点是经营规模小、资金投入少、开店时间短,这些特点降低了贩假的违法成本,提高了打假的行政成本,成为贩假的温床。中间经销、没有终端店铺、准入门槛较低是网店的三个特征,共同造成了假货多的现状。

CIP模式,实现了产品直销,消费者可以直接向平台或者工厂购买产品,去掉了多余的中间环节,失去了贩假的桥梁。无论是工厂还是平台,他们都有能力、并希望维护自身的市场信誉,保持长期的市场利益,既没有卖假的利益动机,也没有卖假的中间环节。利益和法律是市场运行的保证。CIP模式的防假治假,不仅仅是建立在道德和责任基础之上,而是建立在网络平台(生产企业)的长远利益和法律约束基础之上,因而更加可靠。

第三节　满足私人定制

大众产品的现实矛盾。在现代工业规模化生产条件下,产品往往只能满足大众用户的需求,而大量的个性化用户的需求则无法满足。一些有个性化需求的用户,只能被迫购买大众化产品。因为我们别无选择,我们应该知道,既然是选择,就只能是相对满意,琳琅满目的商品不是为你一个人设计的。市场经济社会的商品无限丰富,我们总是希望从数十件甚至数百件商品中选择一件中意的商品,但是在花费几个小时并且筋疲力尽之后,我们仍然只能选择相对满意甚至不太满意的商品。购物常常出现这种情形:

看中了款式，却不喜欢颜色，不买心里又念着，买了心里又不安，于是在买与不买之间纠结徘徊。这就是购买大众化产品时常遭遇的尴尬。购物已经成为人们生活的重要组成部分，购物行为的本质就是选择，选择是一件痛苦的事情。无论食品是否爽口，我们都得吃饭；无论衣服是否漂亮，我们都得穿衣；无论汽车是否满意，我们都得出行。人类不吃饭的历史不会产生，人类不穿衣的时代很难恢复，人类不开车的生活已经落伍。生产厂商决定了我们的生活品质，大众用户左右了我们的选择权力，这就是我们的生活现状。那么，我们能不能自己决定自己需求的产品，把选择消费变成定制消费呢？工厂能不能按照用户的需求生产，把批量生产变成柔性生产呢？从理论上说任何产品都可以实现个性定制，只不过有些产品可以实现产品的局部定制，有些产品可以实现产品的全面定制。实现个性定制需要三个条件，即获取个性定制需求信息、降低个性定制产品成本、研制个性定制生产流程。CIP平台可以获取需求信息，生产工厂可以研制生产流程和确定产品成本。事实上，许多工厂都愿意拓展个性定制市场，先知先觉的企业已经开始尝试个性定制业务，只不过由于需求信息收集困难，无法大规模推广普及。个性化用户包括小众产品和私人定制用户，众多私人定制构成小众产品。企业的天性是赢利，只要有利益，就不怕没产品。长尾理论揭示：个性化产品需求的总和不亚于大众化产品需求的总量。这么大的市场蛋糕，逐利的企业不会视而不见。

私人定制的消费趋势。西南大学梁明玉教授是重庆服装设计学会会长，她告诉我们：服装的私人定制已经成为一种正在兴起的潮流。多年来，梁教授自己穿着的服装全部都是私人定制产品。

两年前,说到私人定制服装,可能还有很多人不理解,甚至认为不可能。两年后的今天,中国开展私人定制业务的服装企业已有数百家,有报告预测 2018 年服装定制销售金额将超过万亿元。南京"80 后"张校瑜通过网络平台经营定制服装,年销售额达 1500 万元。为了解决尺寸测量问题,一些企业在终端销售试衣房内配备了最新的高科技进口测量仪,只需 4 秒,16 个固定感光扫描仪就能扫描出人体 3000 多个数据,自动生成属于消费者独有的 3D 人体模型,基于模型消费者可实现在线虚拟试衣,并能观看各种搭配的 3D 效果。这表明,服装定制的技术已经逐渐成熟,定制服装智能化、规模化、标准化和大众化的序幕已经拉开,服装产业资源整合与产业升级的时代已经来临。不仅是服装产业,其他产业也正在朝着私人定制方向发展,包括家具、旅游、汽车、摩托、3D 打印等产品。由于产业特性不同,私人定制在不同产业的发展潜力有所不同,全面定制的产业,诸如服装等一般不需要单独开模、单独配方和单独研发,发展速度较快;相反局部定制的产业,诸如汽车等需要单独开模、配方或者研发,发展速度较慢。无论私人定制的发展潜力和发展速度如何,发展方向是不会改变的。而今,消费步入个性化时代,这不仅仅是经济现象,更是一种文化现象。

私人定制的发展动因。私人定制是消费者需求拉动的结果,也是生产商利益驱动的结果,还是网络平台技术创新的结果,其中消费需求是私人定制的原动力。站在消费者的角度,私人定制市场的兴起主要有两个动因。首先,私人定制可以满足个性需求。由于时代的变迁,人们的学历、年龄、家庭、职业、圈层等背景已经发生较大变化,曾经的主流消费人群已经"退居二线",替代他们的是新生代消费人群,追求完美、张扬个性正在成为消费的新趋势,大众产品很难满足新生代的消费偏好。"芙蓉姐姐""洪荒少女"等网红圈粉无数,她们是个性张扬时代的典型代表。追求个性除了用语言和行为表达外,还有就是商品。如今,商品满足的不仅是功能还有心理,消费行为也不再是盲目追随潮流,而是标榜自我。产品贴上个性化标签,等于强化了消费者的自我优越感。私人定制商品是表达个性的外衣,个性化需求是产品私人定制的动力,这就是消费主张与自我实现发生共振产生的独特魅力。其次,私人定制可以体现消费档次。根据马斯洛层次需求理论,人们的商品消费档次将随着生活质量的提高而提高。没有钱的时候,人们不会购买商品;钱较少的时候,人们用商品保障生理需要;钱够用的时候,人们用商品提高生活质量;钱多余的时候,人们用商品增强心理体验。这种心理体验包括塑造高贵形象、满足独特享受、提高社会评价、找回心理自信、避免"撞衫"尴尬等。一句说:"人活一张脸,树活一张皮",钱少就买能用的产品,钱多就买好用的产品,顺便买个看上去不错的"面子"。当前,中产阶层日益壮大,富裕阶层人数不断增多,人们的消费观念已经从保障生活温饱向满足心理体验转变,到日本买马桶,到德国买汽车,到法国买香水,不正是这种消费心理吗?人们的钱袋子鼓起来了,私人定制的社会消费条件就成熟了。而且私人定制也不完全是高端定制,还有大量普通定制和名牌复制,一件普通定制的服装,其实与市场价格相当甚至还低,一件名牌复制服装,可能仅是市场价格的十分之一。私人定制不仅是有钱人的专属乐园,也是老百姓的精神家园。站在生产商的角度看,私人定制市场的兴起也有两个动因。其一,私人定制可以赢得细分市场。当今社会，多数领域的市场经济都比较成熟，生产商已经习惯讨好消费者，消费者也看惯了生产商企求的眼神。生产商十分清楚，私人定制是一个潜力很大的细分市场，这块市场蛋糕必然成为企业争抢切分的战场，因为你不抢占别人就会抢占。生产商还十分清楚，私人定制消费的兴起，必然挤压批量大众产品的市场份额，无论从保住存量的角度，还是做大增量的角度，私人定制市场都不能放弃，这是生产商的职业本性。其二，私人定制可以实现较高利润。私人定制有三个重要特征，即没有比价市场，消费用户没有条件货比三家，避免了同类产品价格竞争，产品定价由生产商掌握，利润可以得到保障；没有中间环节，消费者定制的产品不需经过中间环节，由生产商直接发送给消费者，节约了大笔销售流通费用；没有占用资金，消费者先交钱后提货，既不担心出厂产品积压，也不担心进货采购资金。这三个特点为生产商节约了大量成本。在私人定制产品与批量销售产品市场价格相同的情况下，私人定制产品的利润远远高于批量生产的产品，一般私人定制服装的利润是批量生产服装利润的两倍以上。

私人定制的目标群体。定位目标群体，就是要锁定多个影响目标群体要素的交集。消费市场私人定制目标群体，是消费观念和财力状况两个要素的交集。从消费观念上看，以思想开放的人群为主。白领阶层、中青年人和城市居民，往往思想比较开放。中青年人思维方式比较灵活，接受新鲜事物较快，消费观念没有固化，乐于尝试私人定制。白领阶层和城市居民的共同特点是，他们都居住在城市，城市不仅是人口的集聚地，也是先进思想的汇集地，他们见多识广，容易接受新潮的消费观念。白领阶层还有两个不同的优势,那就是他们往往学历较高,收入可观,更加容易接受私人定制的消费观念。从财力现状上看,以温饱无忧的人群为主。解决温饱问题之后,钱较少的人,可以寻找节省开支的私人定制;钱够用的人,可以寻找显示身份的私人定制;钱多余的人,可以寻找体现富贵的私人定制。总之,消费观念是前提,财力现状是基础,两者缺一不可。

私人定制的实现路径。过去私人定制发展慢的重要原因,就是生产商找不到消费者,消费者找不到生产商,虽然双方都有私人定制的意愿,却无法实现定制意愿的沟通。CIP 模式将消费者和生产商集聚到同一网络平台,搭建了从用户到工厂的零距离信息沟通渠道,实现了双方的无缝链接,犹如见面沟通一般,彻底解决了用户和工厂信息不对称的问题。仍然以服装定制为例,定制服装需要解决三个问题,测量、设计和生产。测量可以用线下智能试衣系统获取身体尺寸数据,也可以由裁缝上门服务获取数据,身体没有变化的用户,还可以直接输入过去的数据。设计可以由设计师在网上设计,用户提出修改意见,直到满意为止。用户可以自己选择设计师,也可以由工厂指定设计师,还可以在网上利用软件自己设计。完成设计后,用户可以选择面料、辅料、配饰,并形成多个比较方案,每个比较方案自动标出定制价格和发货时间等信息。服装、家具等是最容易实现私人定制的产业,其他产业也可以采取相似的思路实现定制,只不过用户定制的选项存在一定限制。比如汽车,你不能要求汽车工厂给你单独开模,那样成本太高,价格太贵。但是,你可以选择汽车工厂能够做到的规定选项,诸如选择轮胎、灯泡、色彩、内饰、贴膜、标识甚至发动机,实现局部定制。

第四节　体验走进工厂

消费体验就是购物感受。对产品舒适的购物体验,影响着消费者的购买欲望和正向评价。在 CIP 平台上购物,可以实现支付快捷化、产品数据化、生产可视化、购物娱乐化、参与现场化、比选智能化和虚拟现实化,找到身临其境的感受,体现了与传统购物和电商购物的区别。

支付快捷化。CIP 平台上的产品,无论是 P2C(F2C)模式的网上选购,还是 P2O 模式的店面选购,都可以扫描产品二维码直接支付,而传统模式和电商模式则很难实现扫码支付。绝大多数传统模式销售的商品,很难统一全国终端售价,工厂给出的只是建议出售价,为终端分销商打折降价留有余地。绝大多数电商模式销售的商品,即使网店出售价格可以全国统一网店也只是一个中间经销商,他们往往不直接面对工厂,产品包装出厂时工厂不会标贴支付二维码,网店也不愿制作支付二维码。因为如果网店愿意制作支付二维码,那么二维码也只能标贴在包装上,否则就要开箱贴码。

产品数据化。支付二维码还有一个功能,那就是储存产品数据。这些数据包括出产时期、生产地址、使用材料、配件来源、使用说明、三包政策、维修地点等产品追溯信息,甚至还可以设置长期资讯服务、定制视频观察、用户建议窗口和点击重复消费等。

　　生产可视化。消费者可以通过网络,观察产品生产全过程或者关键环节的现场视频,也可以观察工厂面貌。私人定制产品,消费者还可以准确地知道定制产品的具体生产时间,观察定制产品的生产现场。生产可视化满足了消费者"眼见为实"的需求,增强了购物乐趣,同时也是生产商充满自信的表现。在普通电商平台上,通常消费者只能了解既不真实也不权威的店铺信誉等级,产品是真是假、生产工艺如何、质量是否过关、售后能否退货等一系列问题,让消费者在购买过程中相当纠结。这些问题,通过 CIP 模式得到了很好解决。

　　购物娱乐化。诸如汽车、摩托等运动性产品,你可以将喜欢的产品拖入试驾软件,在网上体验驾车的快感。诸如杯子、手机等立体型产品,网络可以支持 360 度视频选购,你可以前后左右、上上下下从不同角度观察产品外观。诸如服装、鞋帽等穿戴类产品,你可以将自己的头像上传到网上,反复试穿比较,最终选择一款符合你脸型、发型、肤色、身材的产品。穿戴类产品还可以自己设计、选料、配色和体验智能测量,感受产品生产过程的线上参与。

　　参与现场化。如果生产商开展工业旅游业务,消费者也愿意到现场考察工厂,你还可以亲自走进工厂参观,而且直接参与定制产品某个环节的制作。你可以为你定制的摩托车拧上两枚螺丝帽,你可以为你定制的服装缝一枚纽扣,你可以为你定制的冰箱贴上一个图标。当然,你参与的环节一般是技术含量较低的最后一个环节,否则你会阻碍工厂的流水线作业,而且你是在技术工人的指导下完成操作。

　　比选智能化。由于 CIP 平台集聚了同一产业不同品牌的产品,产品数量规模庞大,每个平台都是一个"奥特莱斯"商城,网络购物非常辛苦。为了节约选购时间,消费者可以利用 CIP 平台的智能比选软件选购。你只要输入价格、品牌、款式、型号、销量、颜色、产地等任意几个条件,智能比选软件就会显现符合条件的产品,避免了海选的麻烦。

虚拟现实化。2016 年,全球领先的信息技术研究公司 Gartner 发布了 2017 年十大战略科技发展趋势,VR 虚拟现实技术凭借巨大的市场潜力排名第四位。VR 虚拟现实技术可以用来满足消费者的购物体验,让用户体验走进商城,身临其境之感。产业互联 CIP 模式作为创新思维的新产物,可以将虚拟现实技术融入平台,为消费用户呈现更方便、更新鲜、更逼真、更具乐趣的交互式消费体验,进一步增加购物的娱乐性。VR 虚拟现实技术还可以进行线下体验。以"神摩网"CIP 平台为例:众所周知,消费者购买摩托车时通常会试骑试驾,亲自感受摩托车的性能后,才决定是否购买。传统线下店铺虽有部分品牌可以提供试驾体验,但试驾过程存在较大安全隐患,一旦发生意外,人员伤亡带来的经济损失巨大,体验过程毫无乐趣。"神摩网"CIP 平台采用 VR 虚拟现实技术,在线下的电商专供中心设置了 VR 体验设备,体验者们通过佩戴设备,骑着模拟机型感受摩托车驾驶带来的速度与激情,有声音、有场景,能感受转弯时的倾斜,加速时的轰鸣,仿佛真的在赛道上驰骋一般,消费者找到了"带你装酷带你飞"的体验。

需要说明的是,以上这些购物体验形式,仅仅依靠 CIP 平台还不能完全实现,多项消费体验需要生产商配合。我们相信,生产商为了扩大销售,会逐步满足用户的这些消费体验。

产业互联网发展的重庆模式

发展产业互联网是个系统工程,由于产业互联网 CIP 模式需要创建众多网络平台,涉及众多运营主体,怎样集聚产业互联网平台并为平台提供专业的公共服务,这是地方政府应该重点思考的问题。

重庆探索的基地发展模式值得借鉴。重庆的产业互联网基地由中国电子商务协会产业互联专业委员会牵头,把基地作为产业互联网平台的承接载体,以市场化手段,用孵化器思路,集聚产业互联网平台并提供公共服务。基地主要功能包括引进平台企业、组织专业培训、召开全国会议、推广平台软件、输出商业模式、引入投资机构、寻求合作媒体、储备优秀人才、整合同行资源、投资优秀平台、服务上线企业、管理孵化基地、指导创业平台。进入孵化基地的平台公司,由中国电子商务协会产业互联专业委员会为平台公司提供以下公共服务。

首先,获得运营模式。CIP 运营模式是个庞大的系统工程,涉及 100 余项关键性操作细节,任何一个细节出现问题,都可能造成全面失败,或者延缓上线时间。而进入孵化基地的平台企业可以获得 CIP 运营模式约 5 万字的全部细化操作方案,包括工厂直销方案,平台直销方案,个性定制方案,数据融资方案,集合采购方案,上市孵化方案,平台营销方案,人才培训方案,股东结构方案,链供管理方案,数据变现方案,企业诊断方案,交易收费方案,线下拓展方案,专业细分方案,市场分析方案等等。

其次,提供软件支持。CIP 系统软件是各类方案的执行载体,由 DP、CP、FP、LP 和 IERP 五个子系统近 200 个功能组成,系统异常复杂,如果企业单独开发至少需要投资 1200 万以上,而且需要花费大约一年的时间。进入孵化基地的平台公司,产业互联网专业委员会可以提供软件的使用权,并可以及时保障技术运维和软件升级,平台公司可以不设置技术部门,节省了软件开发和技术运维费用。

第三,进入行业圈子。产业互联专业委员会掌握了全国多数产业互联网平台公司和配套机构的人脉资源,可以参加圈内行业交流活动,提高自己的影响力和知名度。

第四,享受公共服务。公共服务包括媒体引流、专业培训、上市辅导、对接资本、人才引入、创业指导、兑现政策、入户注册等。更重要的是可以享受政府提供的优惠政策。

第五,获得相关授权。目前,中国电子商务协会已经批准重庆产业互联专业委员会、中国产业互联运营中心和中国产业互联研究院三个二级机构,这三个二级机构具有全国唯一性的特征,中国互联协会已经批准重庆“百县千亿”互联网孵化基地,这些国家行业授权包含了一些优惠政策,入驻基地的平台公司均可以享受。

总之,产业互联网平台公司只需按照各类方案专心运营平台即可,其他诸如模式设计、人才培训、软件开发、线上引流、兑现政策、资源整合、物业管理和对接金融、投资、上市、物流、法务、税务等工作由中国产业互联协会负责完成。也就是说,经过考察落户孵化基地的平台公司,只需做两件事情:一是召集初始创业伙伴,二是营销网络用户上线。只要有产业人脉资源,做到这两点并不难。

国策解读

  2015 年,是国家一系列互联网政策集中出台的一年,从 5 月 7 日至 11 月 9 日的 185 天时间里,共计出台了 15 项国家政策和法律法规,平均每 12 天一个。政策密度之大、支持政策之多、发展愿望之强,在中国改革开放的发展进程中绝无仅有,充分体现了党中央、国务院对互联网产业的高度重视。这一年,是中国互联网的夏天,也是中国产业互联网的春天。下面,我们就逐一解读这些政策。

  (1)"互联网+"行动计划

  政策简介: 2015 年 3 月 5 日,李克强总理在政府工作报告中提出"互联网+"行动计划,推动移动互联网、云计算、大数据、物联网等与现代制造业结合,促进电子商务、工业互联网和互联网金融健康发展,引导互联网企业拓展国际市场。2015 年 6 月 24 日,国务院发布《"互联网+"行动指导意见》,提出促进创业创新、协同制造、现代农业、智慧能源、普惠金融、公共服务、高效物流、电子商务、便捷交通、绿色生态、人工智能等若干能形成新产业模式的重点领域的发展目标,并确定了相关支持措施。为配合"互联网十"行动计划,还出台了六个细分政策,分别是:2015 年 05 月 07 日《国务院关于大力发展电子商务加快培育经济新动力的意见》,2015 年 5 月 15 日商务部发布《"互联网十流通"行动计划》,2015 年 06 月 20 日《国务院办公厅关于促进跨境电子商务健康快速发展的指导意见》,2015 年 09 月 05 日《国务院关于印发促进大数据发展行动纲要的通知》,2015 年 09 月 29 日《国务院办公厅关于推进线上线下互动加快商贸流通创新发展转型升级的意见》,2015 年 11 月 09 日《国务院办公厅关于促进农村电子商务加快发展的指导意见》。

点评:2015 年 3 月"互联网十"概念首次写入政府工作报告,业界热度几近沸点。各类政策促使以 BAT 为代表的互联网领军企业及广大中小互联网新秀公司,纷纷从互联网十金融、十医疗、十教育、十出行、十制造业、十房地产、十旅游等不同垂直领域探索解决方案。"互联网十"是基于传统行业现实痛点进行深度挖掘和改造,有利于提升传统产业质量和效率,进而通过创新增强经济持续增长动力,这与当前政府力推的"供给侧改革"高度贴合。

(2)《中国制造 2025》

政策解读:2015 年 5 月 8 日,国务院印发《中国制造 2025》,部署全面推进实施制造强国战略。这是我国实施制造强国战略第一个十年的行动纲领。《中国制造 2025》提出"三步走"战略目标:第一步,到 2025 年迈入制造强国行列;第二步,到 2035 年我国制造业整体达到世界制造强国阵营中等水平;第三步,到新中国成立一百年时,我国制造业大国地位更加巩固,综合实力进入世界制造强国前列。《中国制造2025》明确了9项战略任务和重点：一是提高国家制造业创新能力；二是推进信息化与工业化深度融合；三是强化工业基础能力；四是加强质量品牌建设；五是全面推行绿色制造；六是大力推动重点领域突破发展，聚焦新一代信息技术产业、高档数控机床和机器人、航空航天装备、海洋工程装备及高技术船舶、先进轨道交通装备、节能与新能源汽车、电力装备、农机装备、新材料、生物医药及高性能医疗器械等十大重点领域；七是深入推进制造业结构调整；八是积极发展服务型制造和生产性服务业；九是提高制造业国际化发展水平。

点评：《中国制造2025》强调了加快推动新一代信息技术与制造技术融合发展，把智能制造作为两化深度融合的主攻方向，全面提升企业研发、生产、管理和服务的智能化水平。强调促进工业互联网、云计算、大数据在企业研发设计、生产制造、经营管理、销售服务等全流程和全产业链的综合集成应用。强调深化互联网在制造领域的应用，制定互联网与制造业融合发展的路线图，明确发展方向、目标和路径。强调发展基于互联网的个性化定制、众包设计、云制造等新型制造模式，推动形成基于消费需求动态感知的研发、制造和产业组织方式。强调加强互联网基础设施建设，加强工业互联网基础设施建设规划与布局，建设低时延、高可靠、广覆盖的工业互联网。这些都为产业互联网的发展指明了方向。

(3)《关于促进互联网金融健康发展的指导意见》

政策简介：2015年7月18日，十部委联合发布《关于促进互联网金融健康发展的指导意见》，积极鼓励互联网金融平台、产品和服务创新,鼓励从业机构相互合作,拓宽从业机构融资渠道。

点评:《指导意见》对互联网金融的定义及业态进行了明确,提出要积极鼓励互联网金融平台、产品和服务创新,并划分了互联网金融监管职责。互联网支付、网络借贷、股权众筹融资、互联网基金销售、互联网保险、互联网信托和互联网消费金融等互联网金融主要业态在意见中得到认可;人民银行负责互联网支付业务的监督管理,银监会负责网络借贷、互联网信托和互联网消费金融的监督管理,证监会负责股权众筹融资和互联网基金销售的监督管理,保监会负责互联网保险的监督管理。这意味着互联网金融业务在政策上得到承认,由不同主管部门负责不同业态的监管走势逐渐明朗。

(4)《关于放开在线数据处理与交易处理业务(经营类电子商务)外资股比限制的通告》

政策简介:2015 年 6 月 19 日,工信部发布通告,决定在全国范围内放开在线数据处理与交易处理业务的外资股比限制,外资持股比例可至 100%。

点评:自加入 WTO 以来,中国政府根据入世承诺,逐步在基础电信业务、增值电信业务领域开放业务类型;工信部于 2014 年出台政策,在上海自贸区新增试点四项开放业务,且不再对应用商店、存储转发业务设置外资股比限制,而在线数据处理与交易处理业务(经营类电子商务)外资股比限制为 55%,2015 年 1 月份,工信部允许在上海自贸区经营电子商务平台的外资股比最高达到 100%。之后,工信部于 2015 年 6 月份发文取消部分试点开放业务地域限制,此次则在前述基础上,对在线数据处理与交易处理业务(经营类电子商务)取消持股比例限制。此系列政策的变化,一定程度上反映了中国电信业务逐步开放的趋势,为外资直接进入相应业务领域提供了可能。

(5)《互联网等信息网络传播视听节目管理办法(修订征求意见稿)》

政策简介:2015年6月10日,国务院法制办就《互联网等信息网络传播视听节目管理办法(修订征求意见稿)》公开征求意见,该《办法》规定:网络广播电视内容服务单位应配备专业节目审查人员,互联网禁止自制时政新闻节目,此外,网络广播电视服务单位应建立网络信息安全管理制度、保障体系和应急处理机制,履行安全保障义务。2015年9月18日,最高人民法院、最高人民检察院、公安部、广电总局四部门出台了《关于依法严厉打击非法电视网络接收设备违法犯罪活动的通知》,要求有关部门正确把握法律政策界限,依法严厉打击非法电视网络接收设备违法犯罪活动。2015年11月6日,广电总局为了管理电视盒子市场的混乱,屏蔽首批81个非法应用。同时,广电总局针对网络电视和电视盒子再次发布禁令,要求七大牌照商对照包括"电视机和盒子不能通过USB端口安装应用"在内的四点要求自查自纠。

点评:从2014年开始,监管部门陆续发文,对于"互联网＋电视"加大监管力度,实施严格监管,这一思路一直延续至今。此次管理办法的修订,就是将之前严苛的系列监管政策以法律规范形式加以固化。同时,再辅之以高强度的执法行动。二者的有机结合,配套使用,足见监管部门力度和决心之大。其背后已不仅仅是广电总局的监管要求,更是维护国家信息安全的意志体现。未来互联网电视终端的管理、内容的审查更趋严格,已成定局。

(6)《促进大数据发展行动纲要》

政策简介:2015 年 8 月 31 日,国务院印发《促进大数据发展行动纲要》(以下简称《纲要》),系统部署大数据发展工作。《纲要》提出,要加强顶层设计和统筹协调,大力推动政府信息系统和公共数据互联开放共享,加快政府信息平台整合,消除信息孤岛,推进数据资源向社会开放,增强政府公信力,引导社会发展,服务公众企业;以企业为主体,营造宽松公平环境,加大大数据关键技术研发、产业发展和人才培养力度,着力推进数据汇集和发掘,深化大数据在各行业创新应用,促进大数据产业健康发展;完善法规制度和标准体系,科学规范利用大数据,切实保障数据安全。

点评:2015 年以来,大数据得到国家高层政策的高度重视。从《纲要》的出台,到 10 月《中国十八届五中全会公报》和"十三五规划建议"提出实施国家大数据战略,显示出大数据正成为互联网时代的一个核心话题。而且,大数据无论在国计民生、公共服务,还是在商业层面,都可以发挥巨大价值,各大互联网公司都在磨刀霍霍,抢占大数据的制高点。但其中很多法律问题都尚待明确,只有国家法律制度为之保驾护航,大数据才能推动社会方方面面的进步。

(7)《中华人民共和国网络安全法(草案)》

政策简介:2015 年 6 月,全国人大常委会初审了《网络安全法

（草案）》,该草案以总体国家安全观为指导,就网络数据和信息安全的保障等问题制定了具体规则,构建了我国网络安全的基本制度。

点评:习近平主席提出,我国要从网络大国迈向网络强国。在这一背景下《网络安全法》加快立法进程,一是明确我国维护网络空间安全、利益以及参与网络空间国际治理的原则是网络主权原则;二是明确保障关键信息基础设施安全的战略地位和价值;三是将网络数据安全纳入国家网络安全视野;四是明确网络安全监督管理体制建设。《网络安全法》将国家网络安全战略任务落实为具体的制度安排。

(8)《网络预约出租汽车经营服务管理暂行办法(草案)》

政策简介:2015 年 10 月 10 日,交通运输部为推进出租汽车行业改革,规范网络预约出租汽车发展,促进行业创新发展、转型升级,更好地满足人民群众出行需求,发布《网络预约出租汽车经营服务管理暂行办法(草案)》。

点评:作为共享经济的典型形式,网络约租车在全球发展迅猛,其监管问题也提上日程。《办法》肯定了网络约租车的合法性地位,无疑具有重要意义,但其在管车、管人、管平台三个方面的具体规定,抬高了市场准入门槛,也可能导致共享经济模式不再是"共享",而是"专享",引起全民热议。"互联网+"时代,如何在保障安全的前提下,促进共享经济发展,促进行业创新,将真正考验政策制定者的智慧。

(9)新《广告法》

政策简介:2015 年 9 月 1 日,新《广告法》开始施行,这也是广告法实施 20 年来的首次修订,修改幅度之大、规定之细致严厉,也被称为"史上最严广告法"。同时工商总局制定的《互联网广告监督管理暂行办法》也开始征求意见。

点评:新《广告法》修订顺应了现代广告产业尤其是互联网广告蓬勃发展的新局面新情况,首次将互联网广告纳入规范行列。对广告主、广告发布者和广告经营者的权利义务关系进行了重新梳理定位,强调了广告主是第一责任人;客观评价了网络游戏对未成人的影响,为文化创意产业发展预留空间;将信用档案黑名单制度首次引入广告执法领域。这些规定对规范广告活动,保护消费者的合法权益,促进广告业的健康发展,维护社会经济秩序具有积极意义。

后记

写书是一项辛苦的工作，好在我写这本书，得到了许多领导、恩师、专家和友人的大力支持，可以说这本书是众多外部力量共同推动的结果，大家的鼓励和帮助给我的写作增添了无穷的动力。

中国电子商务协会创始人宋玲理事长，中国电子商务第一人李琪教授，他们分别从行业发展和专家视角，为本书作序推荐，给予本书很高评价，让我深受感动。

中国电子商务协会副理事长、中国跨境电子商务专业委员会秘书长唐生，中国 B2B 专业委员会秘书长刘宁波，中国产业互联专业委员会秘书长蒲海燕，他们都从行业实践角度提出了许多宝贵意见和建议。

全国各地产业互联网平台负责人廖铁军博士、刘泽勇博士、马岩希博士，昌致洪董事长、宋骥董事长、钟姚利董事长、张彪董事长、吕健董事长、简万龙董事长和杜超董事长等这些行业精英，他们参与了本书的讨论和定稿，正是他们的积极推动才给我增添了写作的激情和灵感。

我的同事文堰、张翔、彭荣华、秦燕茹，他们参与了该书写作过程中的头脑风暴、资料整理、文字校对、图表制作等工作，为本书的顺利完成立下了汗马功劳。

　　在此，一并对本书的问世给予指导、帮助和支持的领导、专家、朋友、同事表示由衷的感谢。

　　写到这里，我总感觉此书并未结束，似乎刚刚开始。一些业界精英提出"《产业聚变》之后是什么"这一问题？有人建议，《产业聚变》之后，应该继续出版《企业聚变》和《平台聚变》。大家认为，《产业聚变》创建了产业互联网发展的基本理论、商业模式和软件工具，《企业聚变》应该以真实的案例展示中小实体企业上线之后的变化，《平台聚变》主要揭示产业互联网平台的运营方式和操作细节。其实，《产业聚变》一书本来应该包括《企业聚变》和《平台聚变》的内容，但是由于篇幅限制，按照绝大多数平台负责人的要求，本书暂时不将《企业聚变》和《平台聚变》的内容列入本书，待条件成熟后再出版《企业聚变》和《平台聚变》，后两本书是否出版和出版时机，本人将认真考虑。